Aya

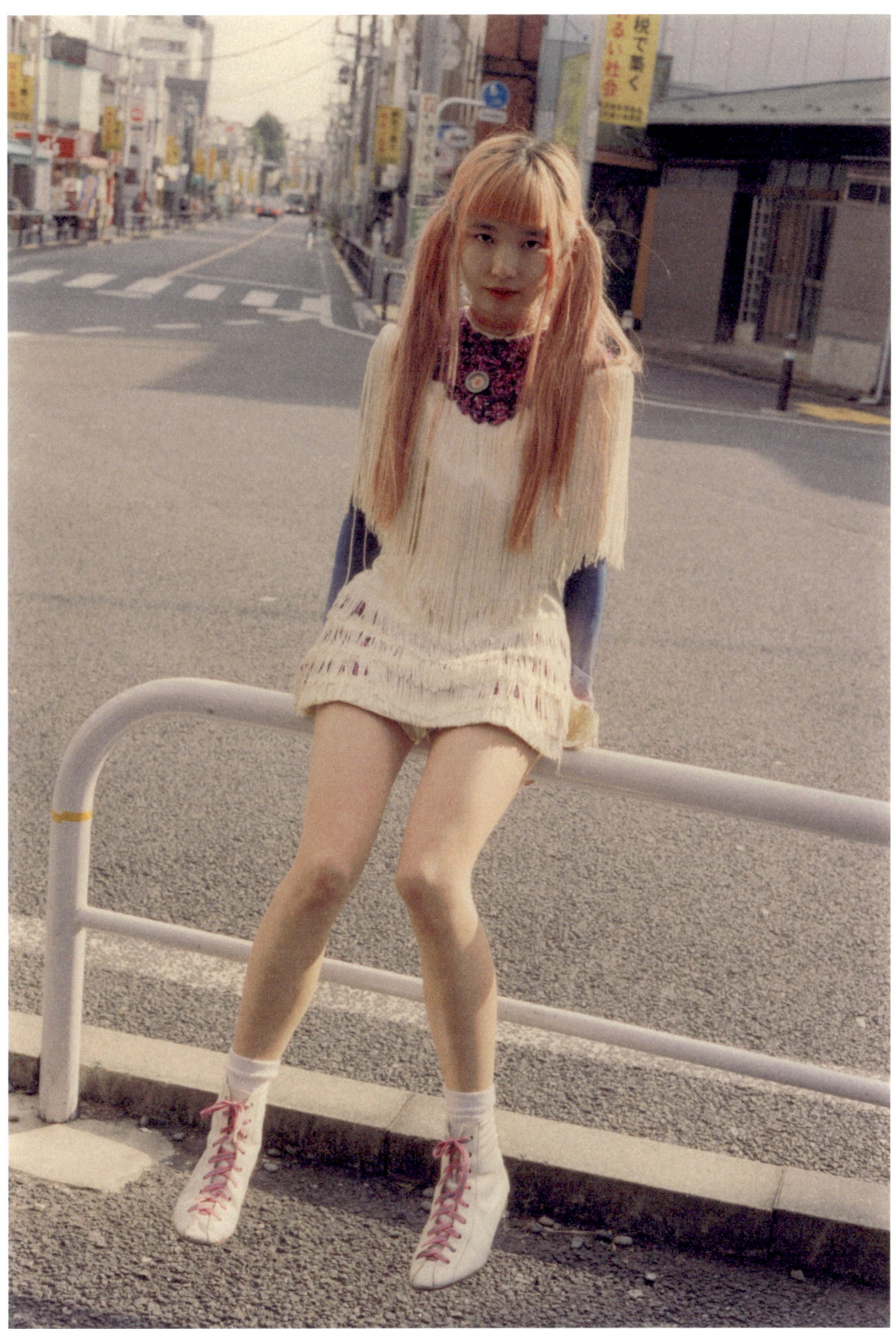

Francesca Allen

Aya

⅃M

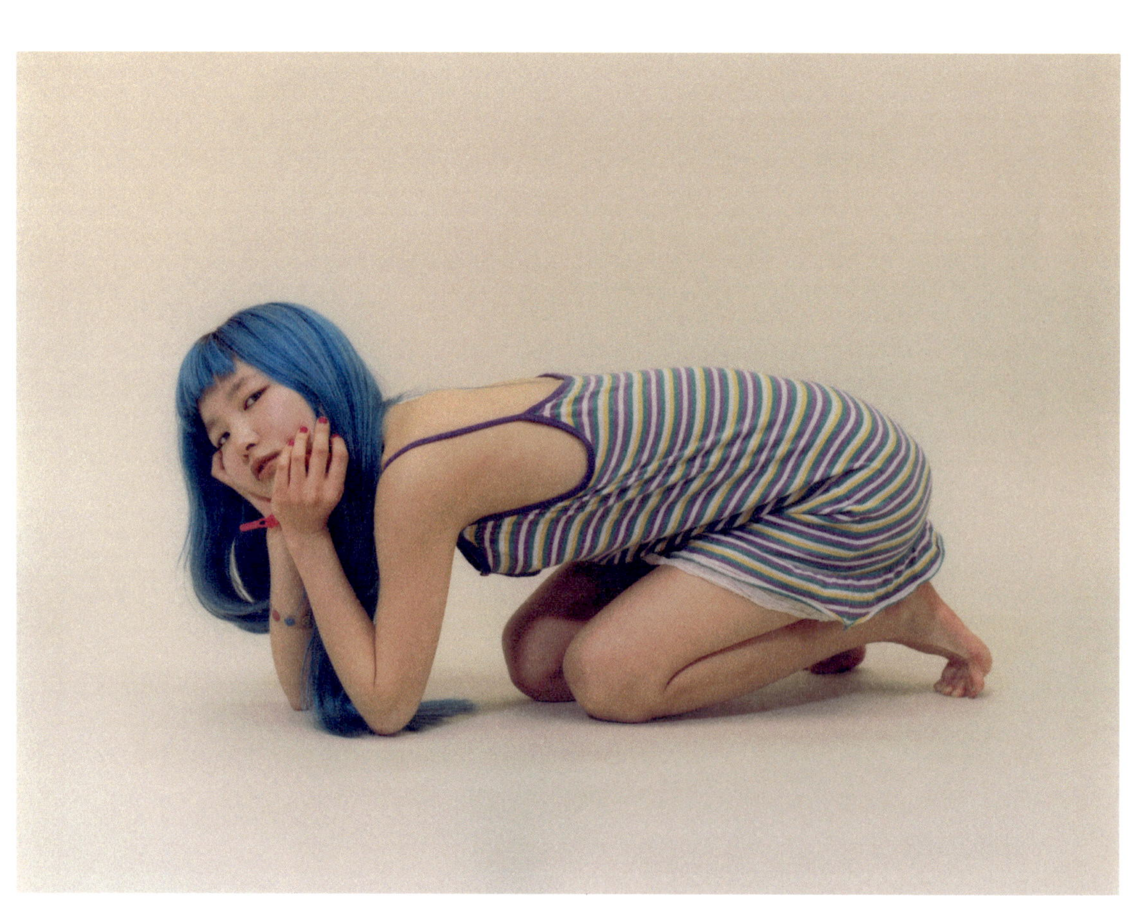

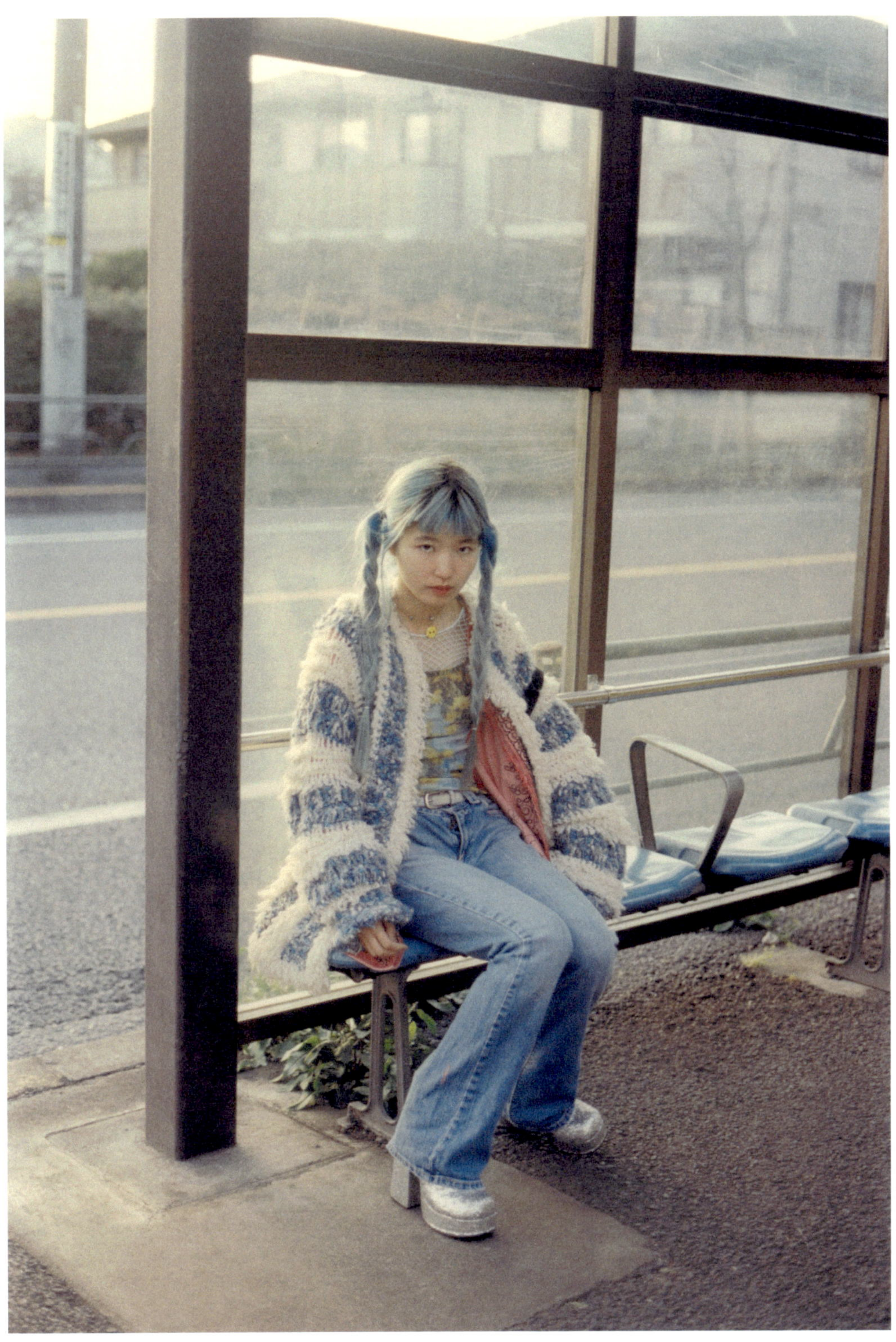

春はいつも主にか
すぎさる。
すごく早くはかなく！
しかしいつも私たち
をたすけてくれる。

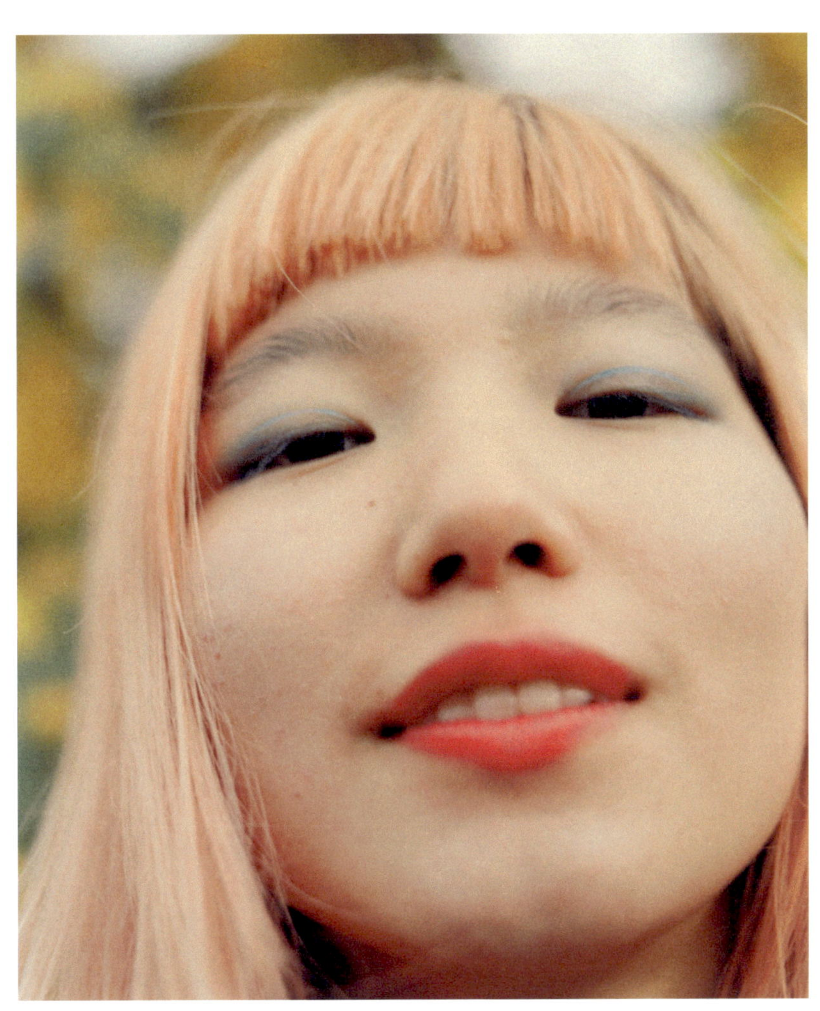

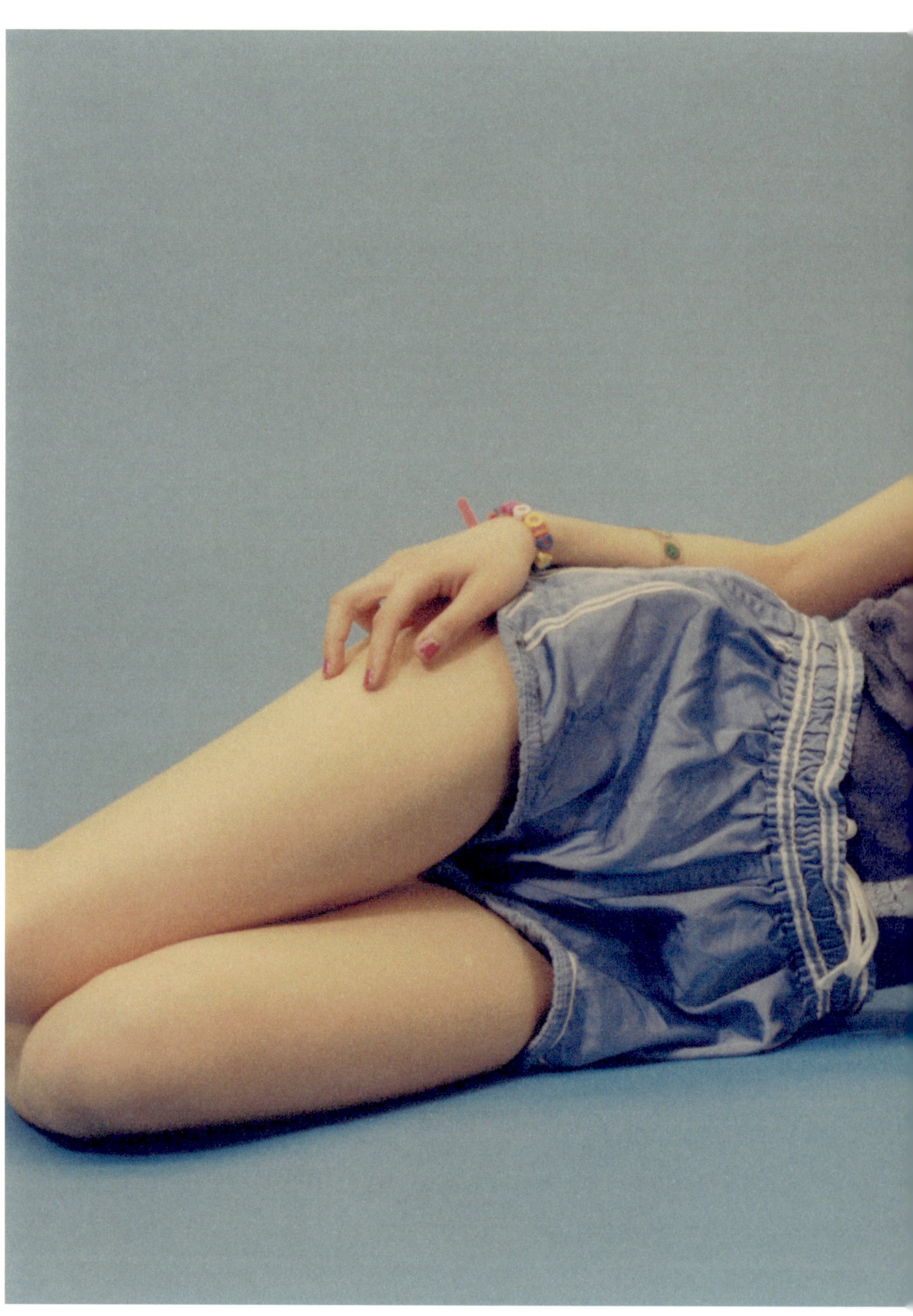

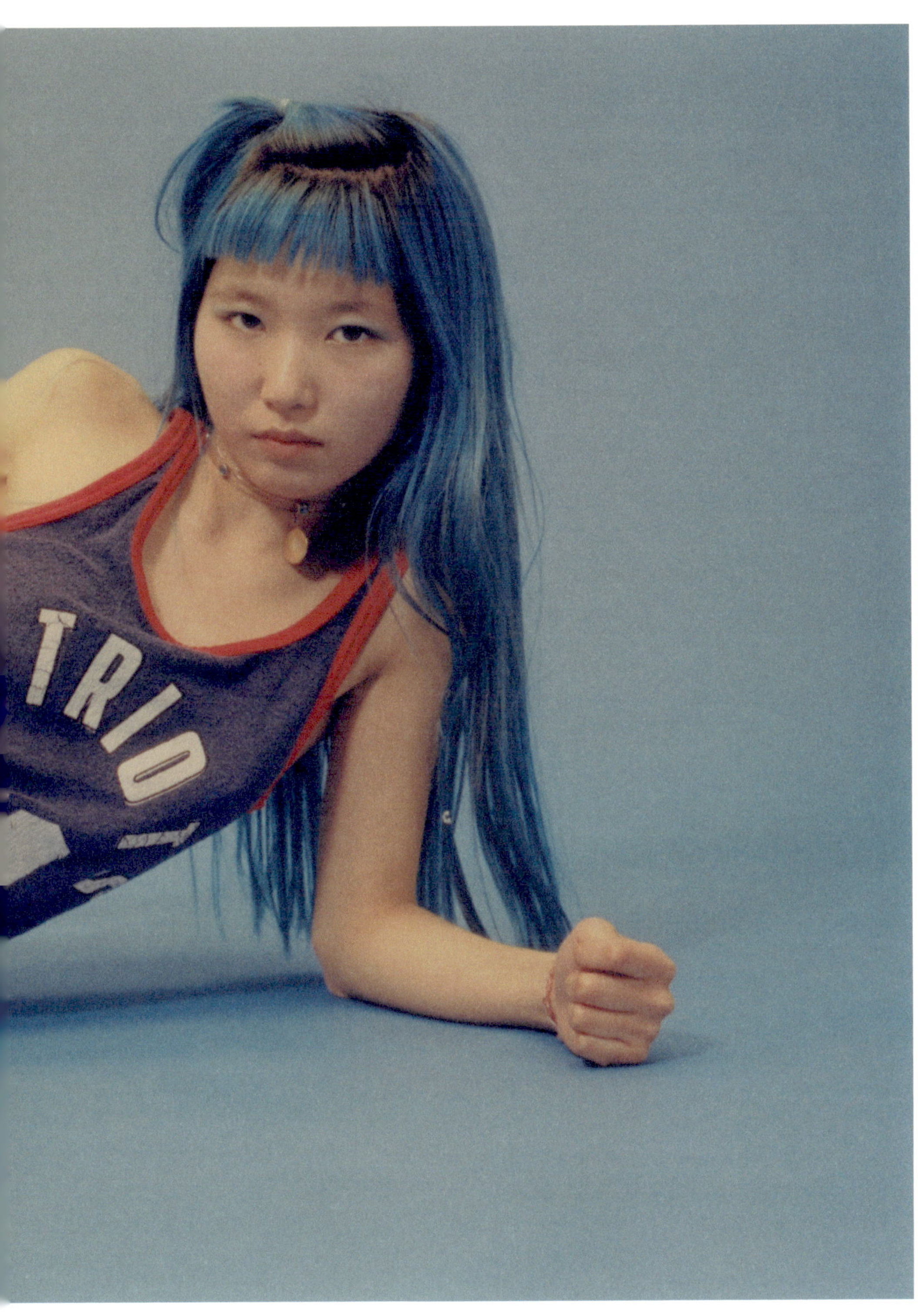
TRIO

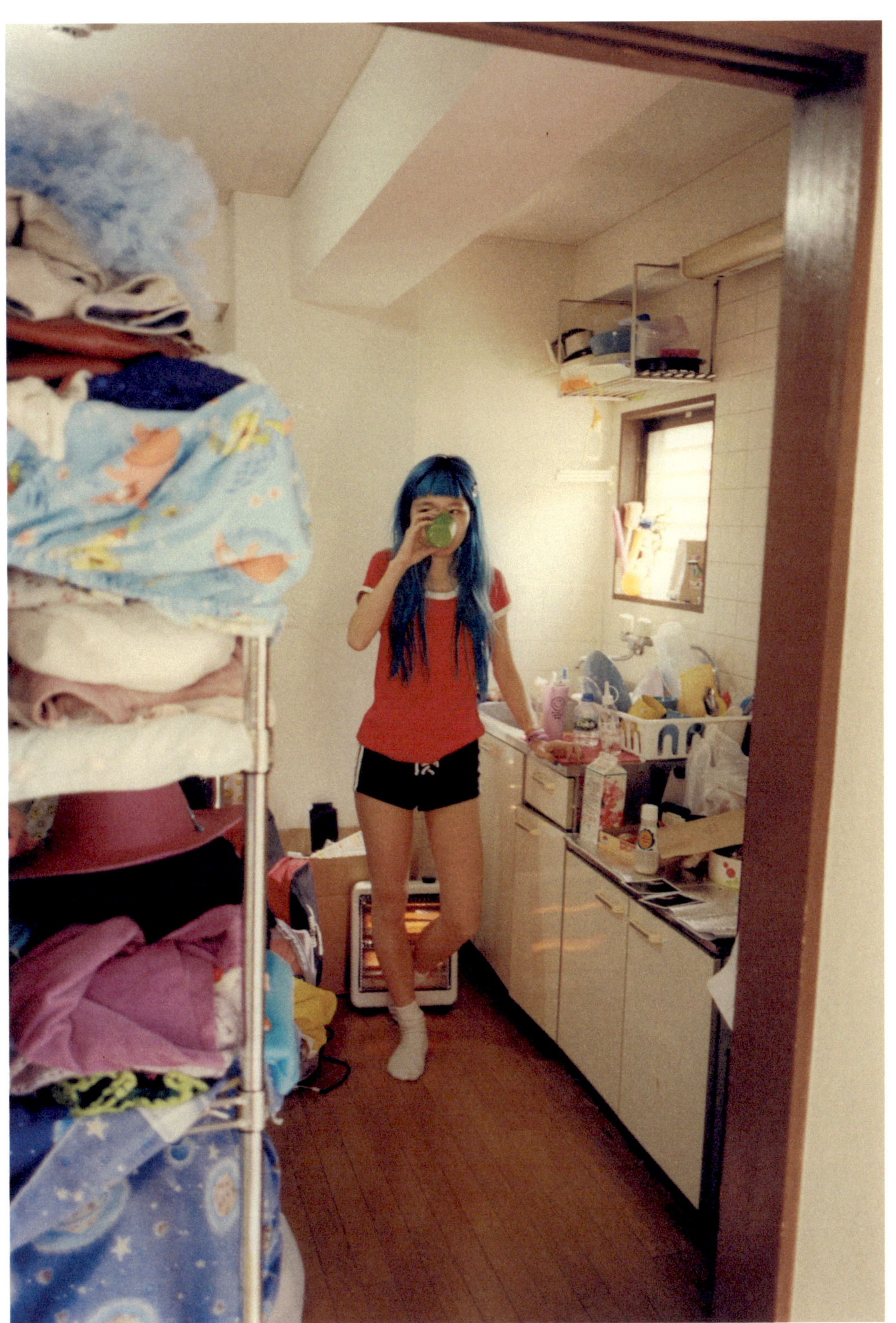

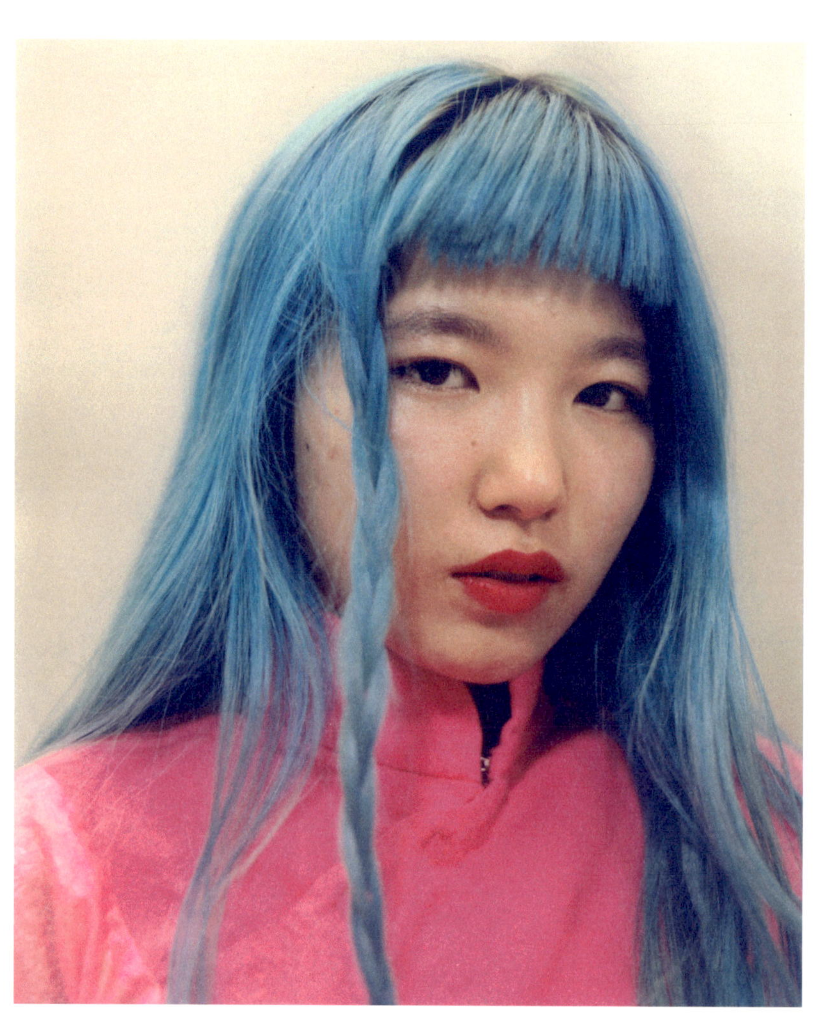

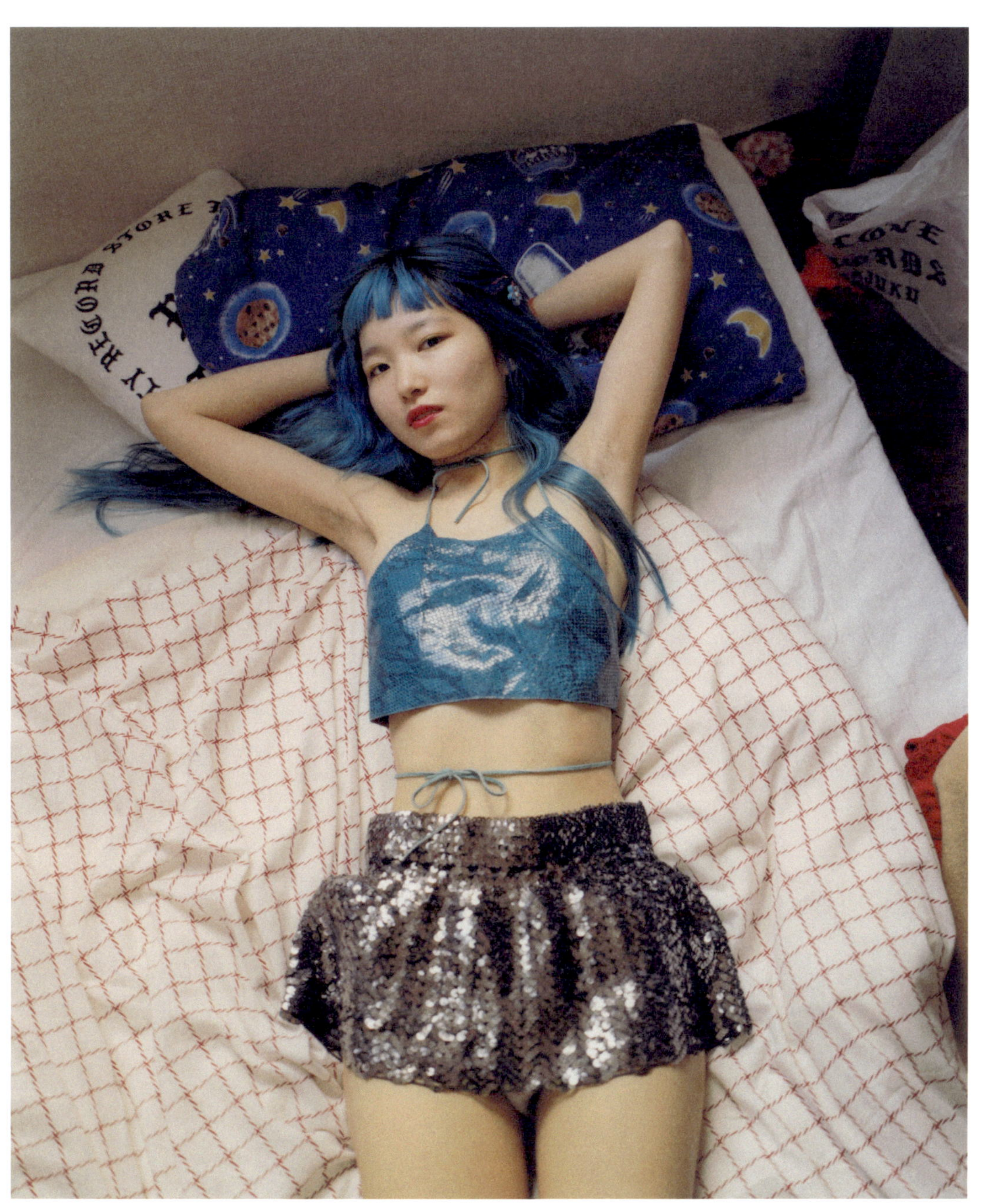
RECORD STORE
LY RECORD
LOVE
BABY
JUKU

あやと フランチェスカ
この3週間は私たち
の日々の日記である。
毎日いろんな場所
に行き、たくさんの
ものを見た。
私にとってすべて
宝物である。
2017.4.8 土

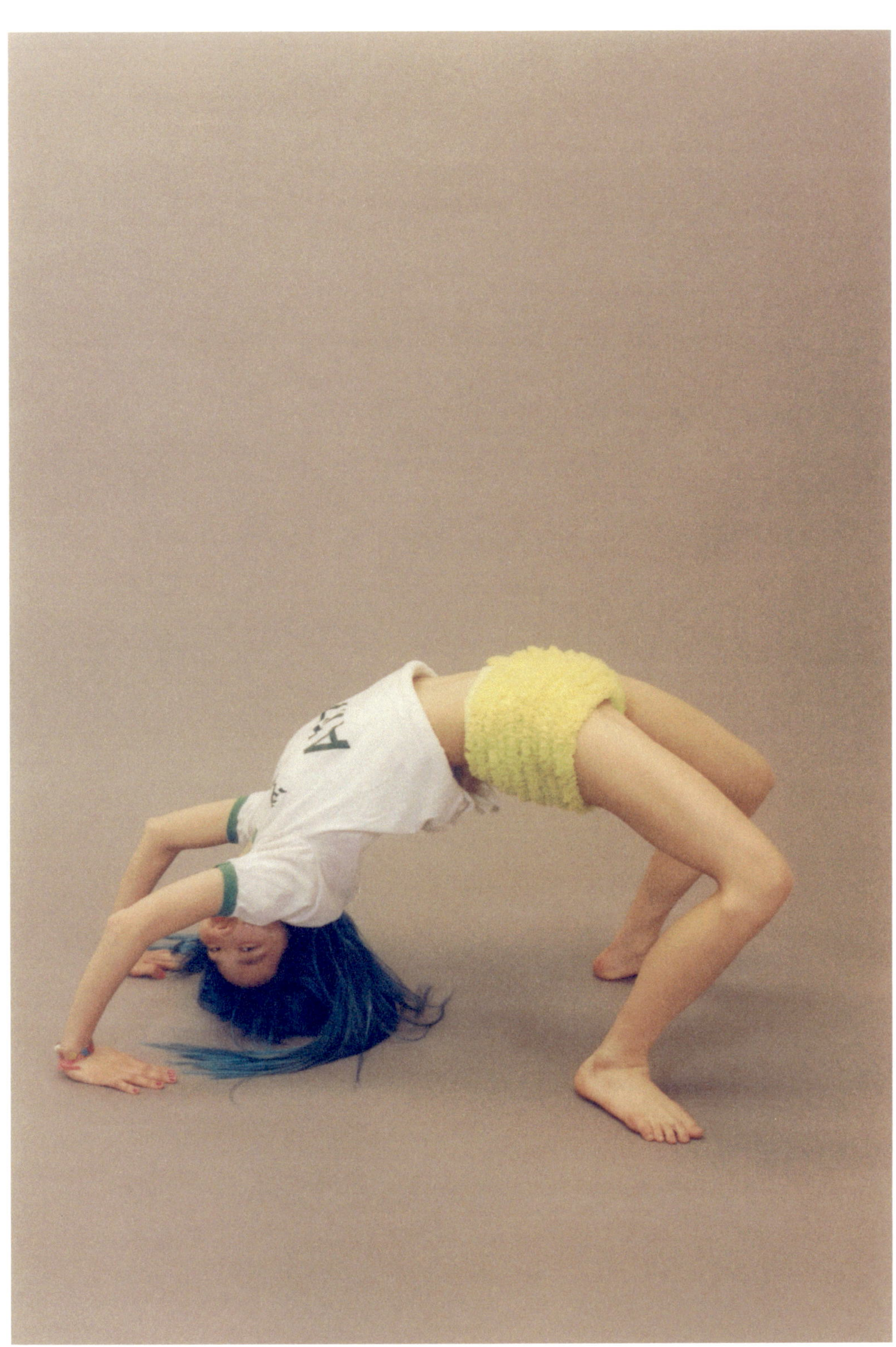

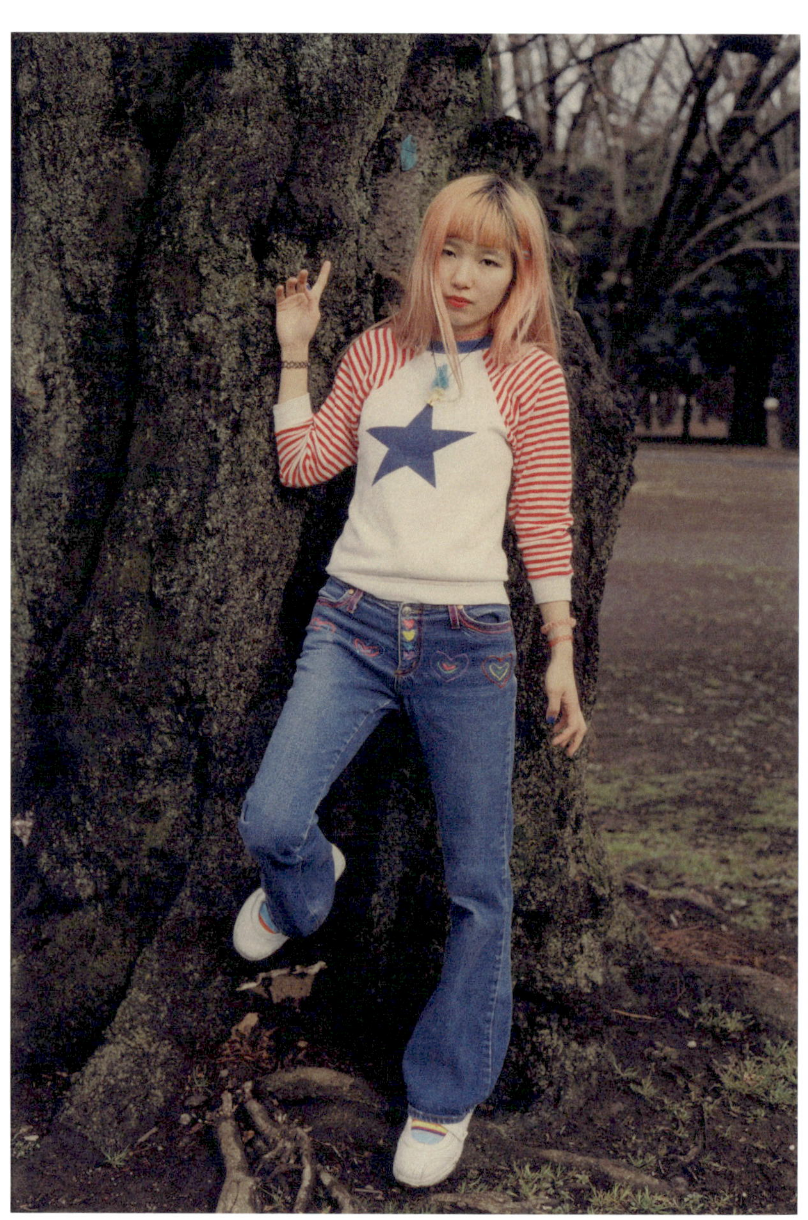

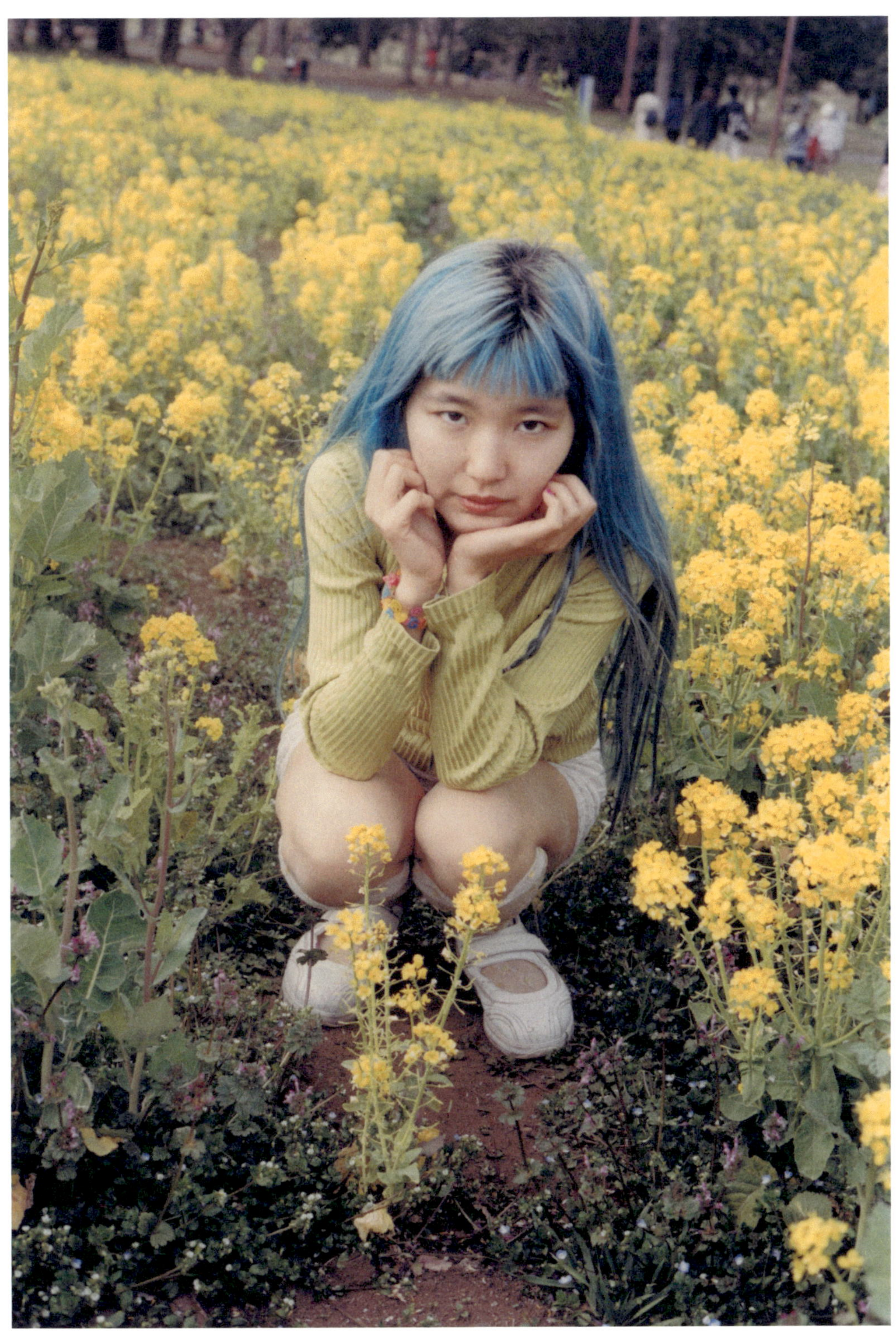

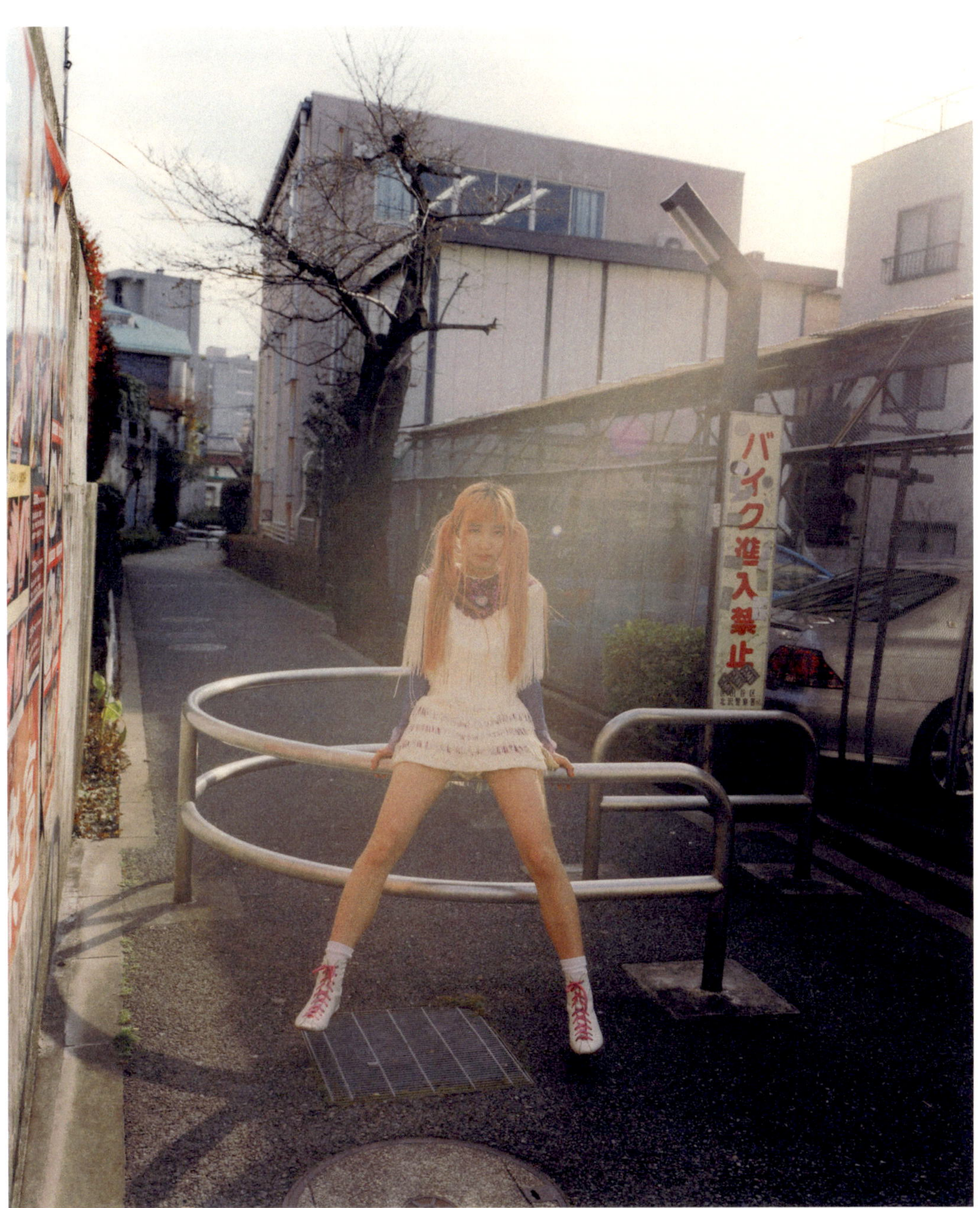
バイク進入禁止

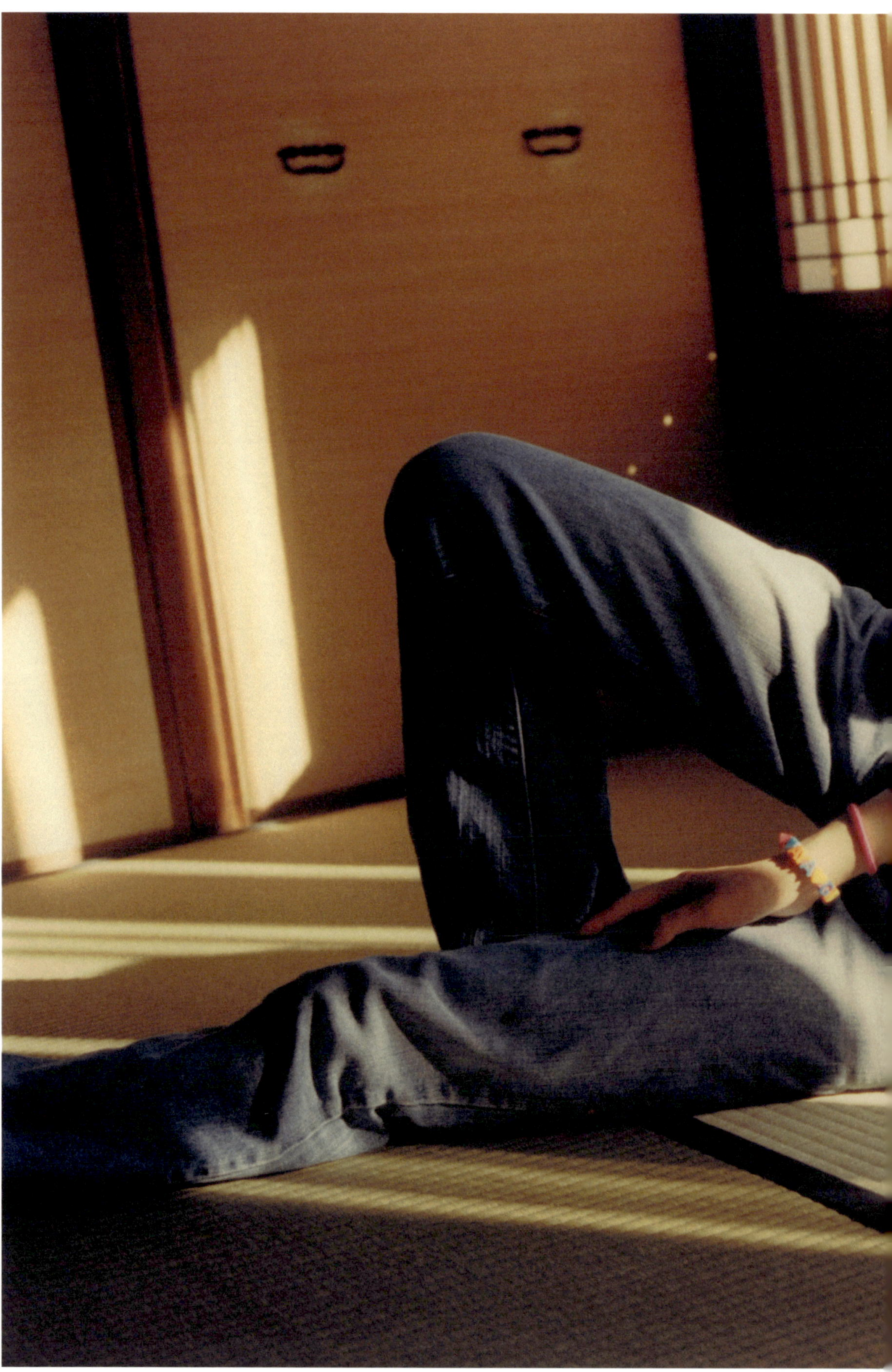

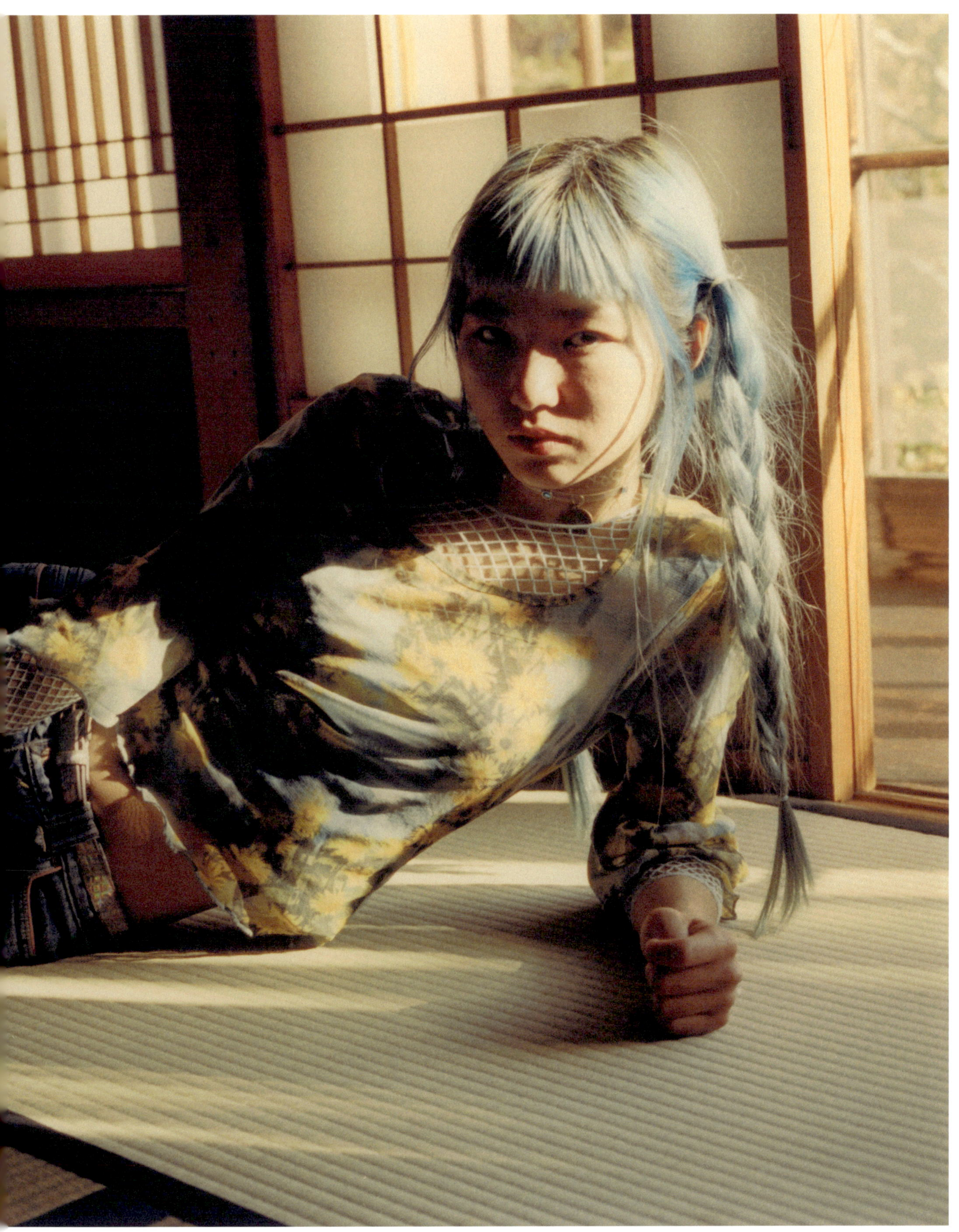

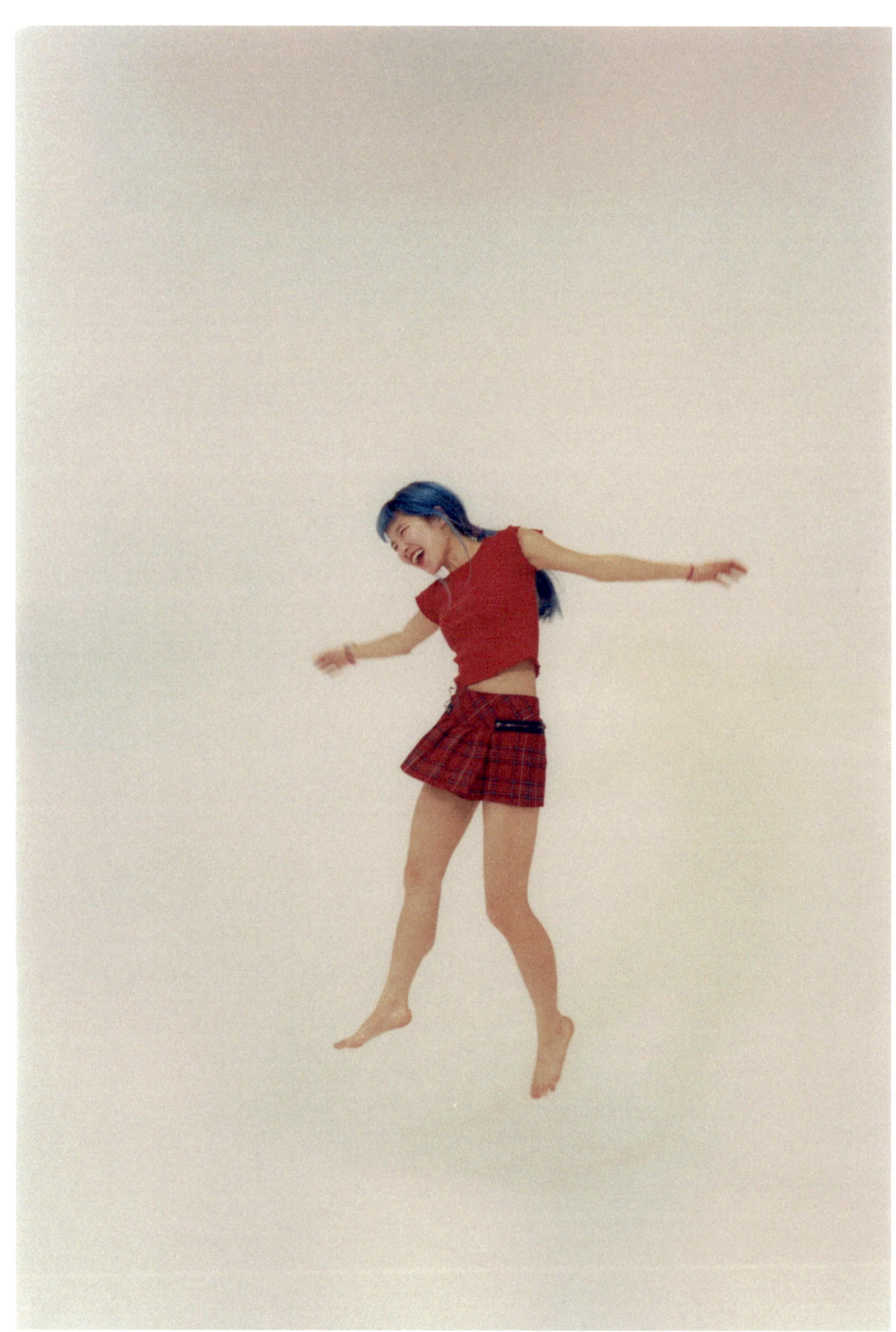

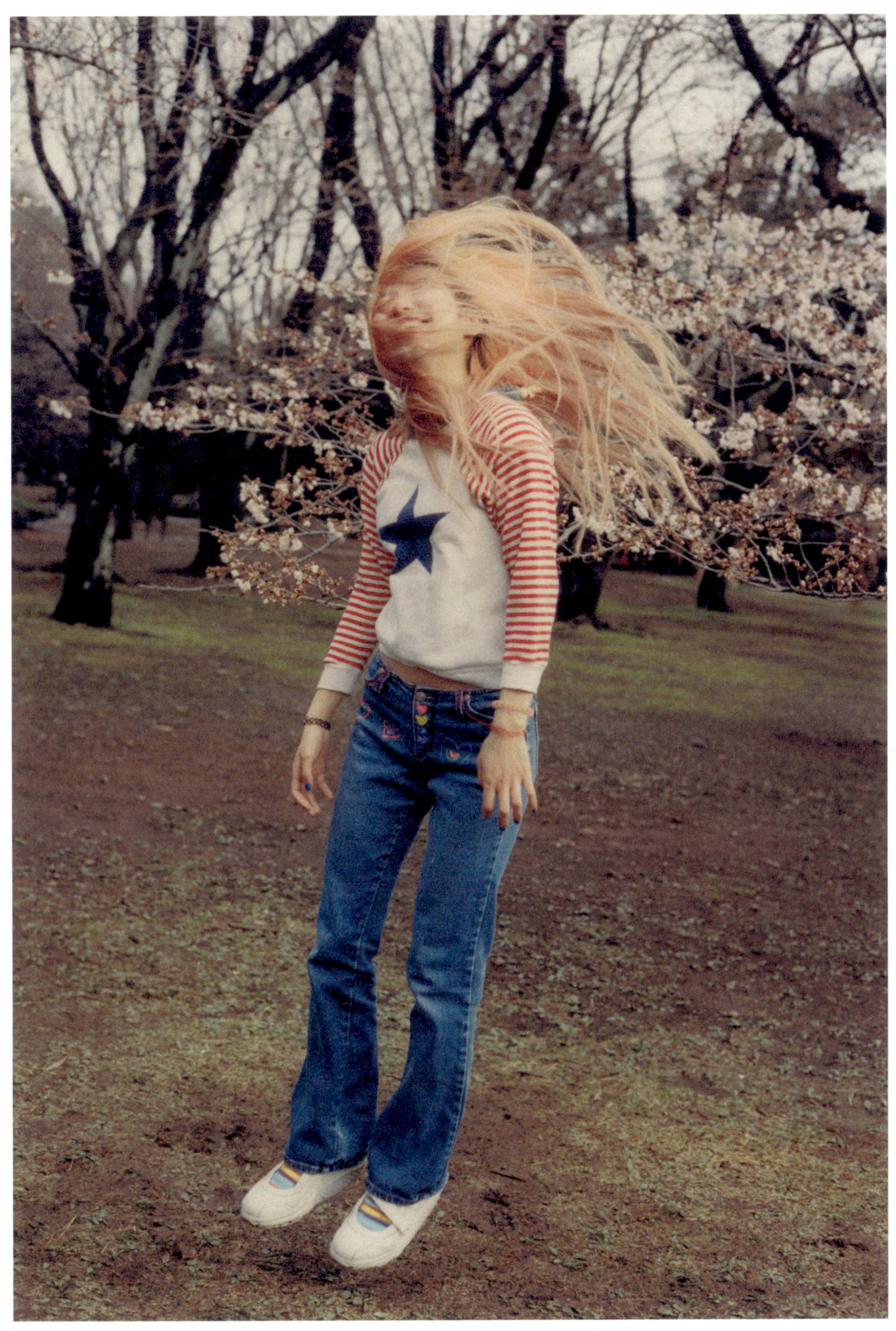

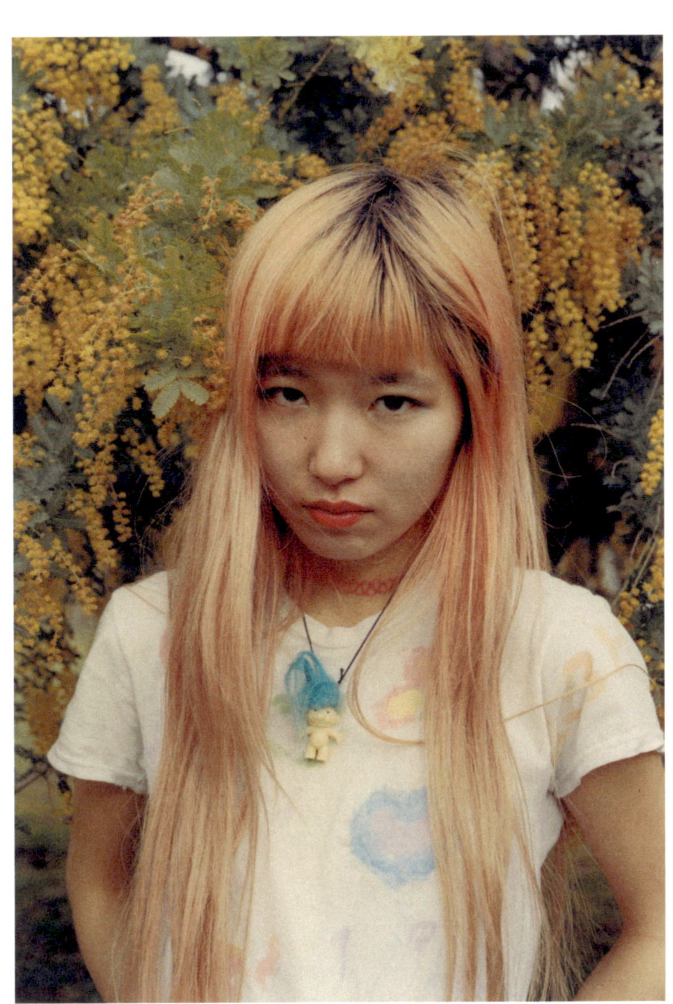

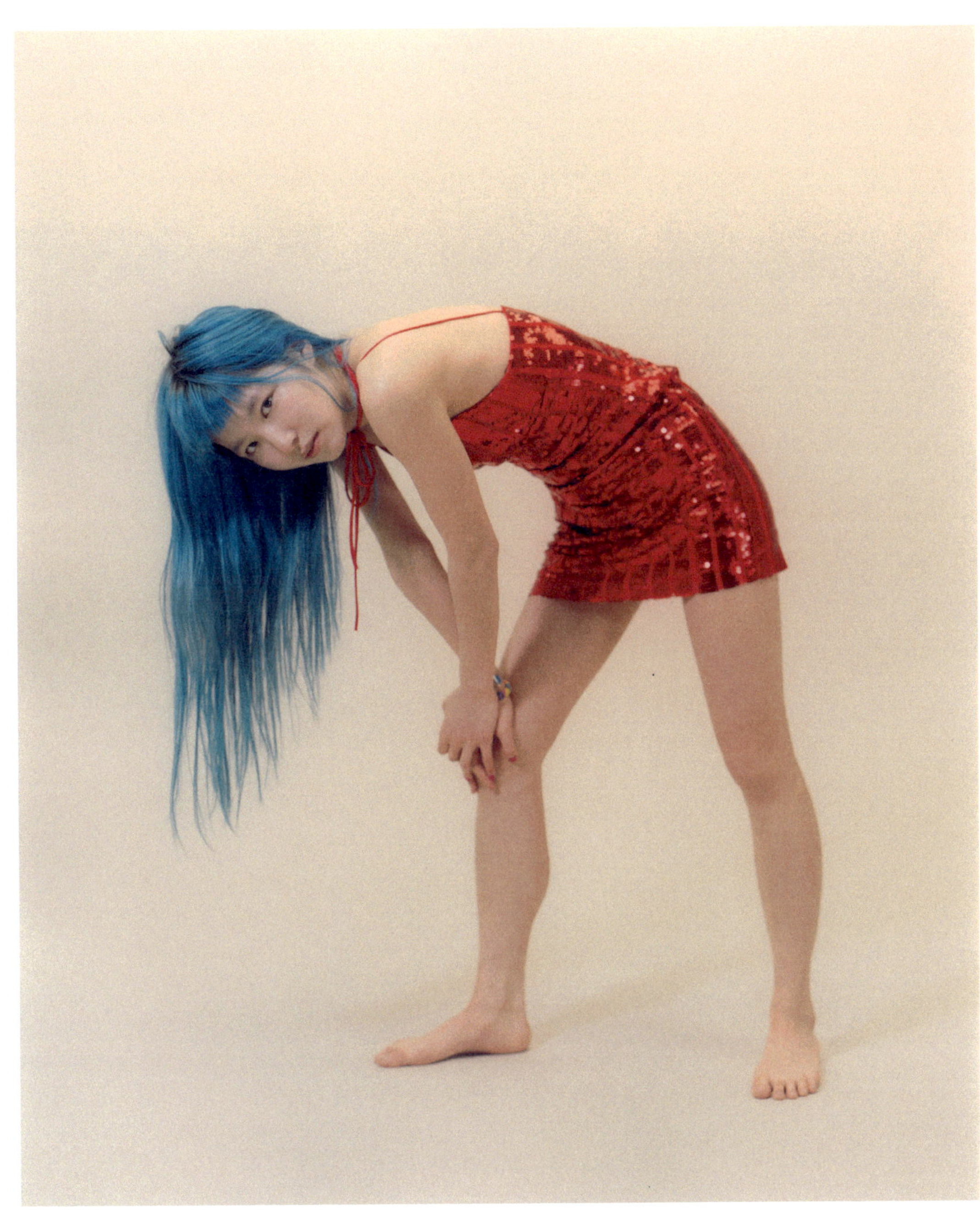

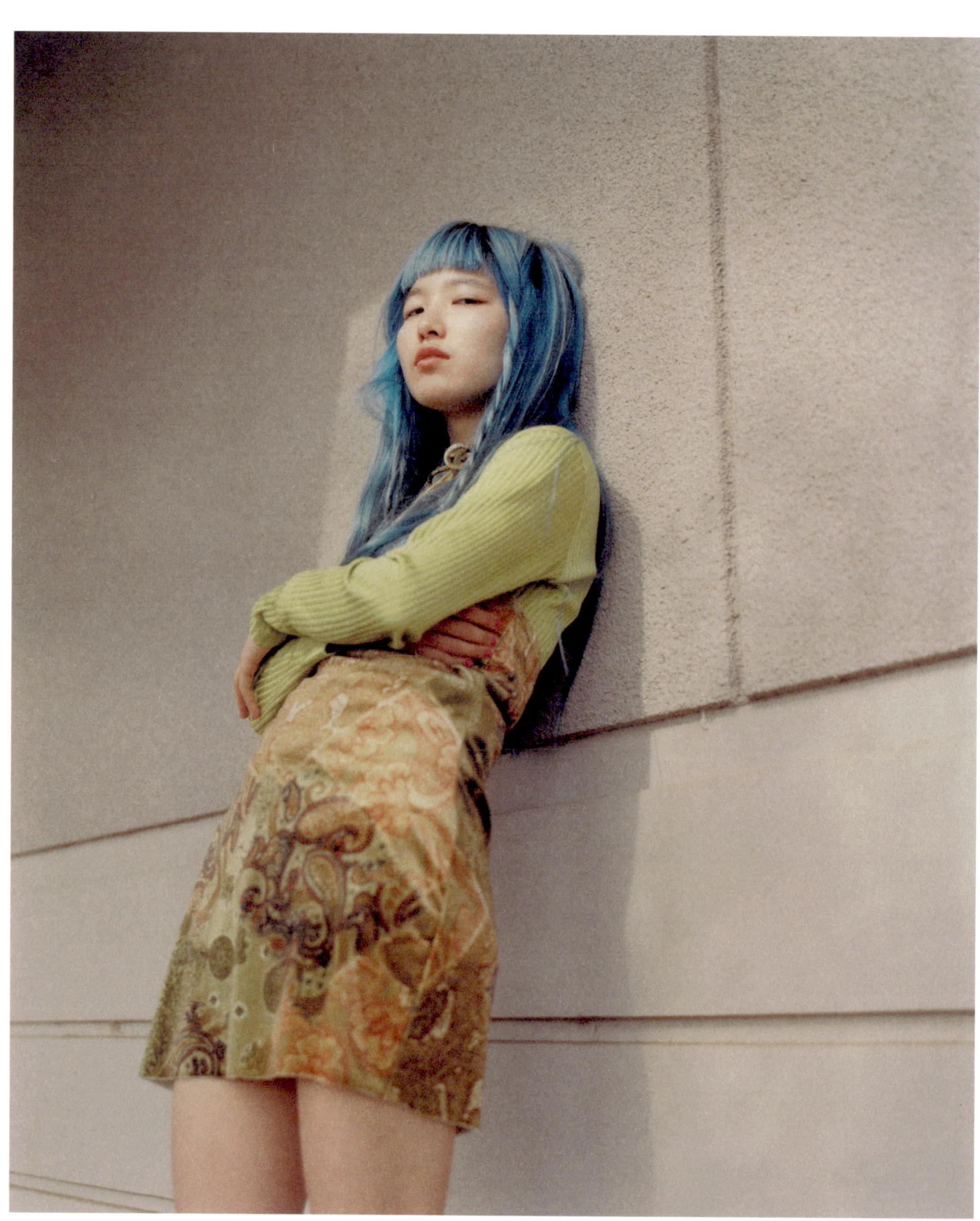

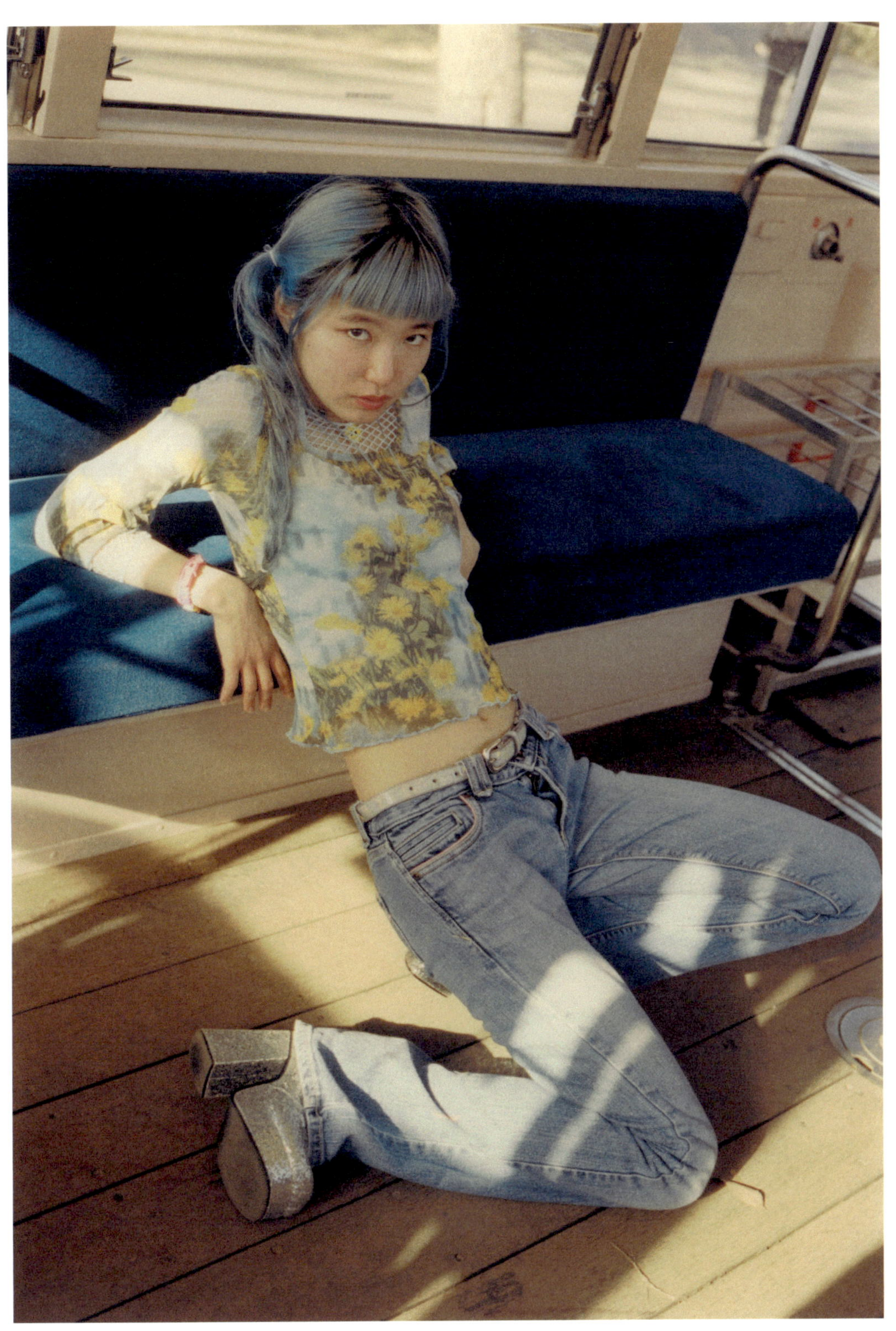

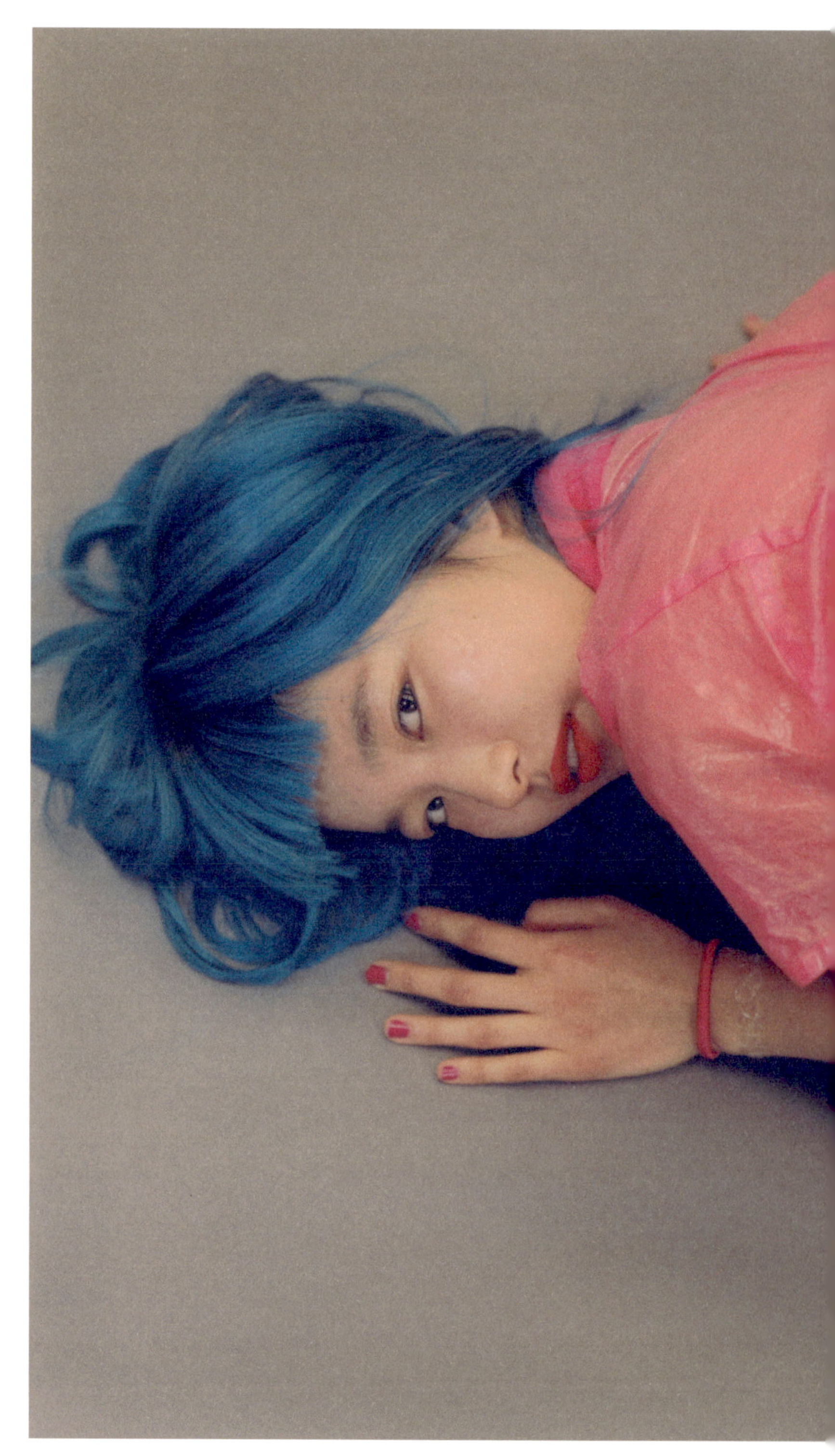

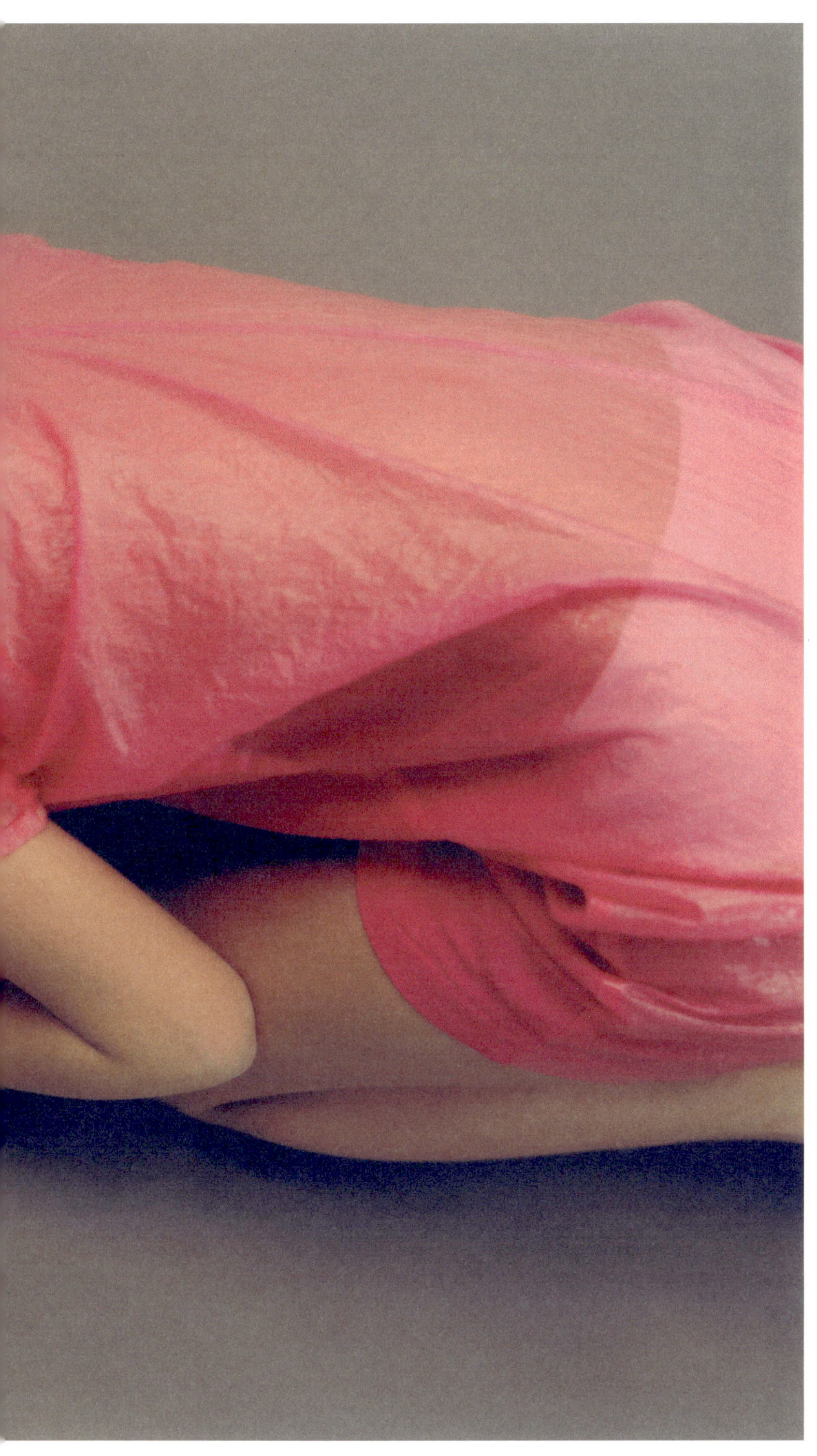

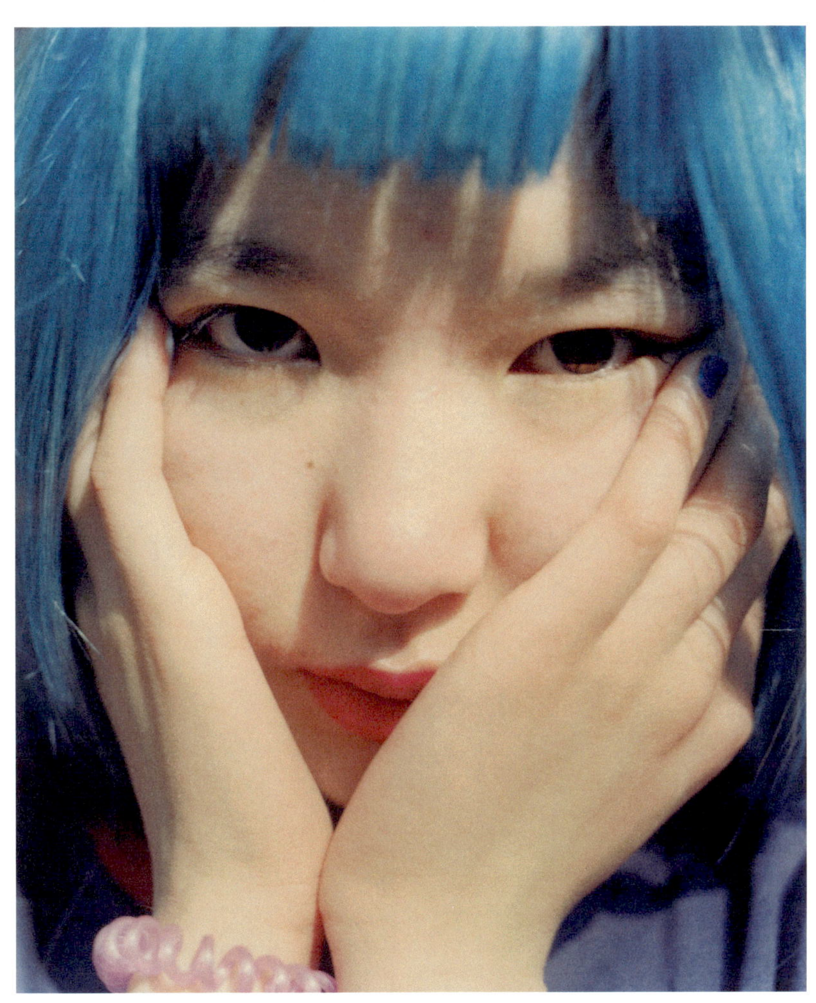

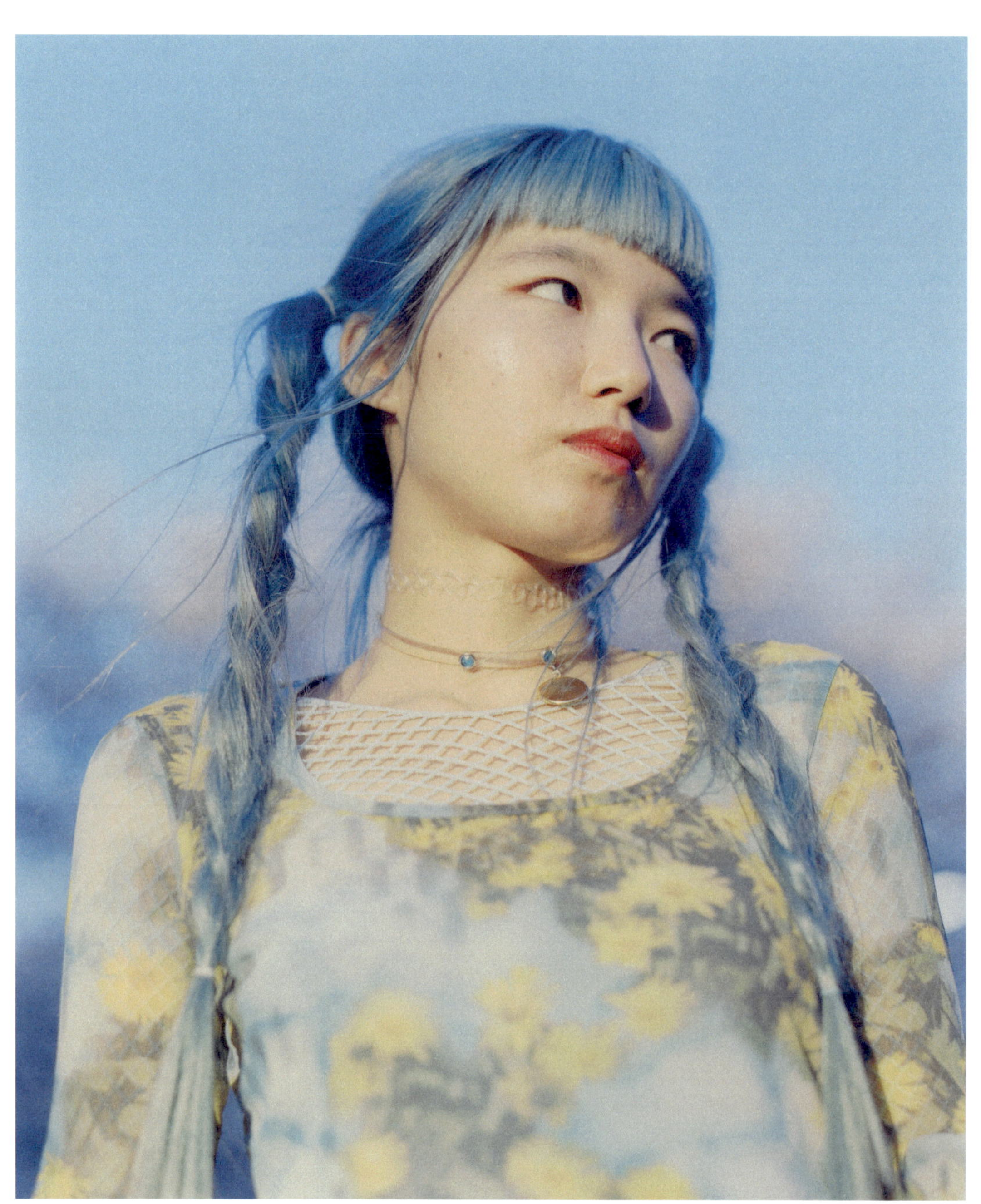

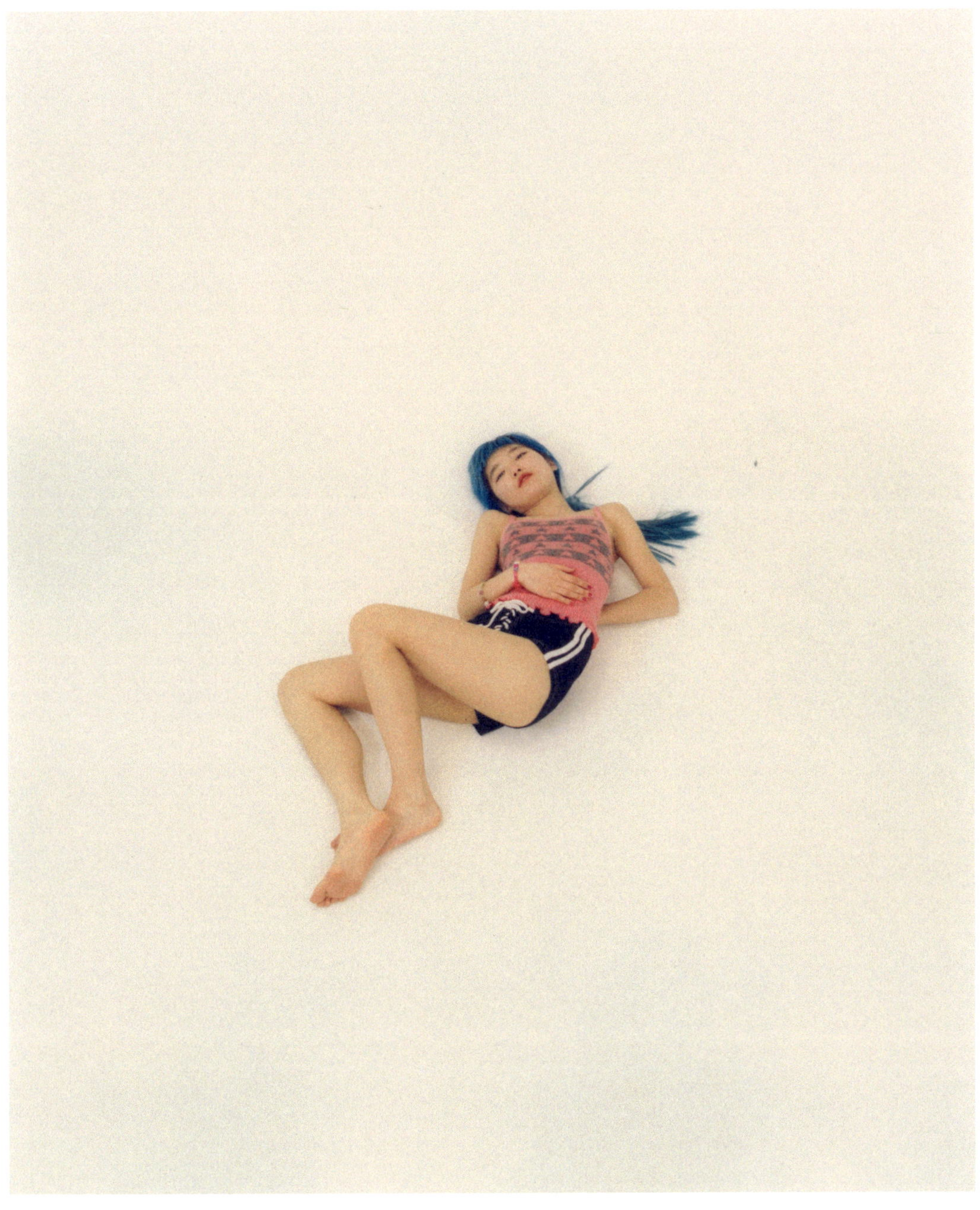

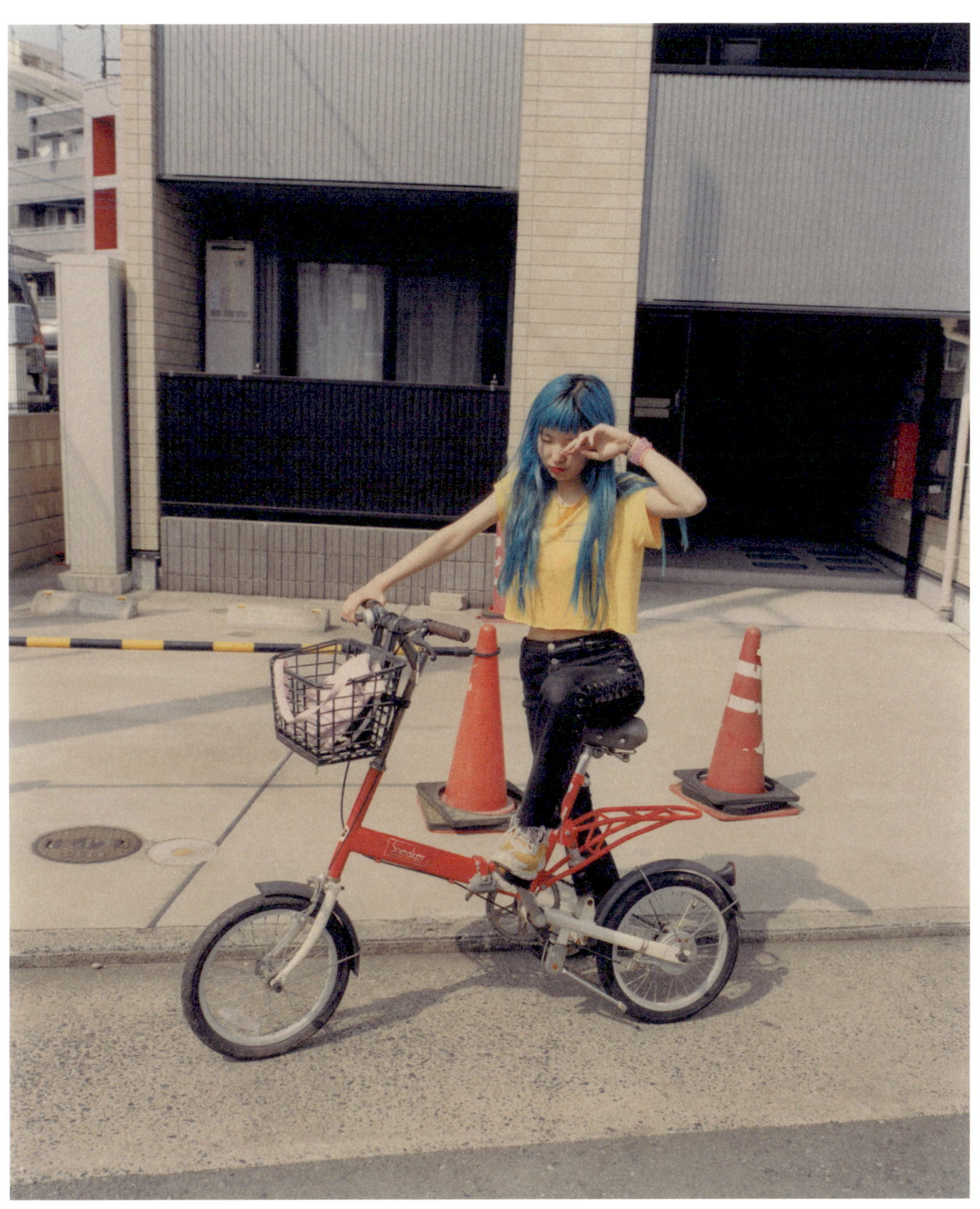

私の髪はブルーになった。
そのときの気分で色を変える。
私の気持ちは
　桜と反対を求めた。
ブルーは美しく
　　はかない

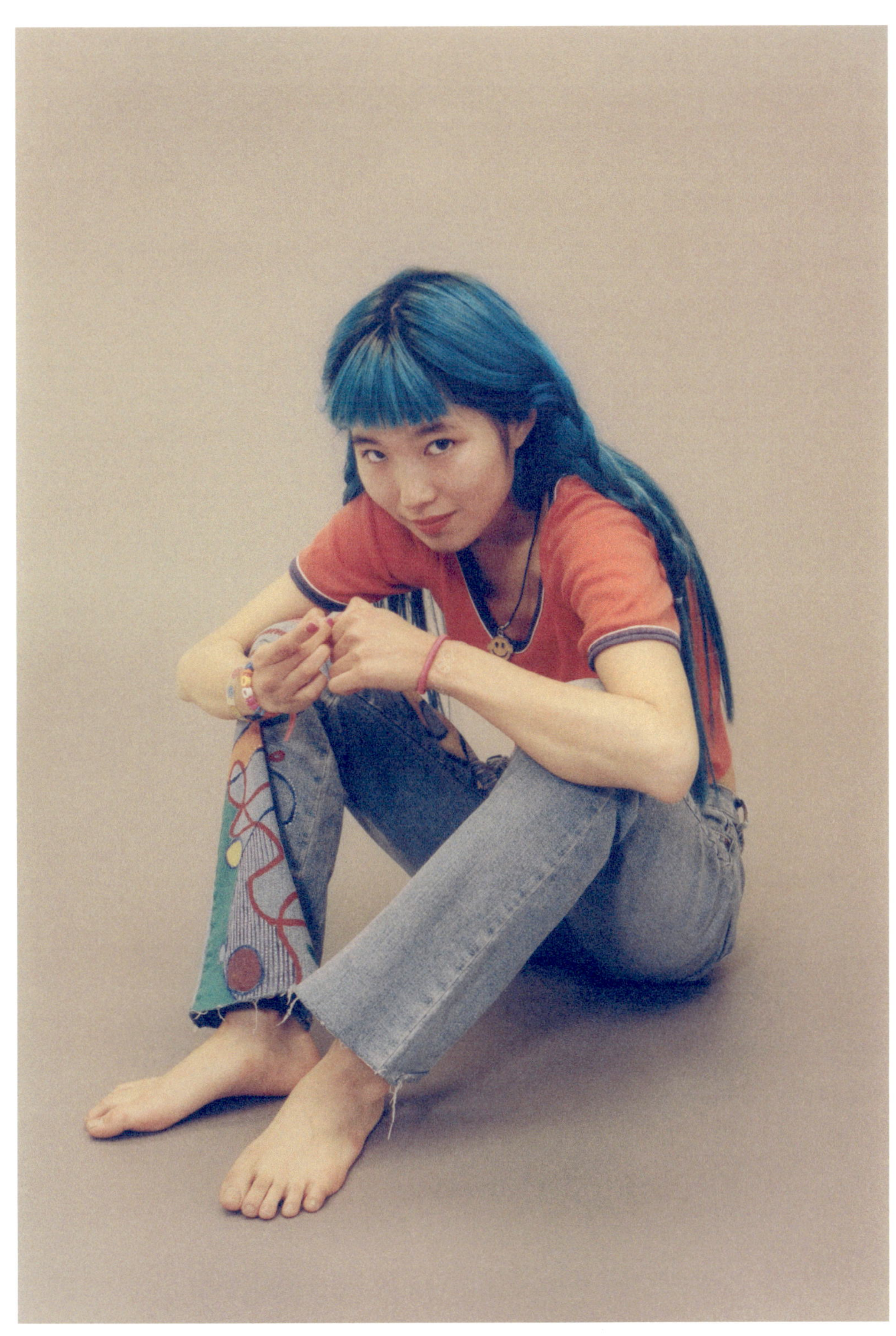

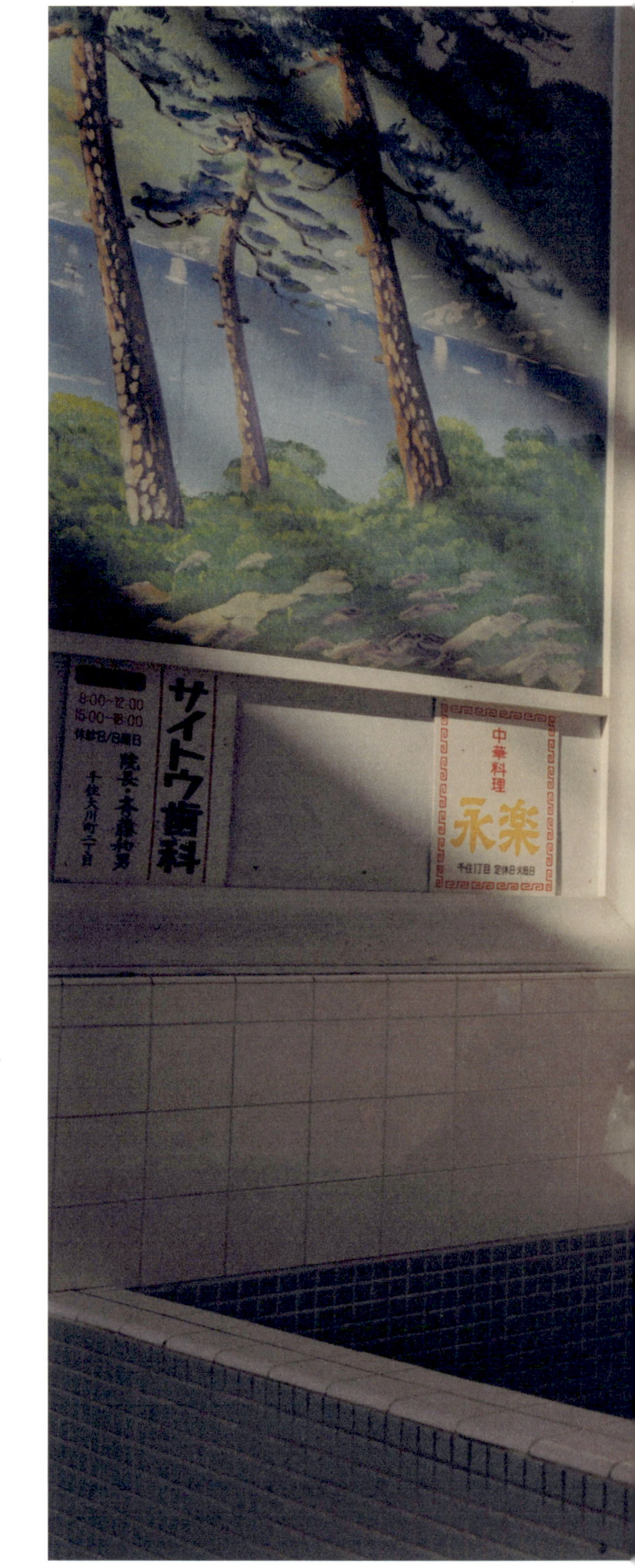

8:00～12:00
15:00～18:00
休診日/日曜日
サイトウ歯科
院長・本藤松男
千住大川町二目
中華料理
永楽
千住17丁目　定休日　火曜日

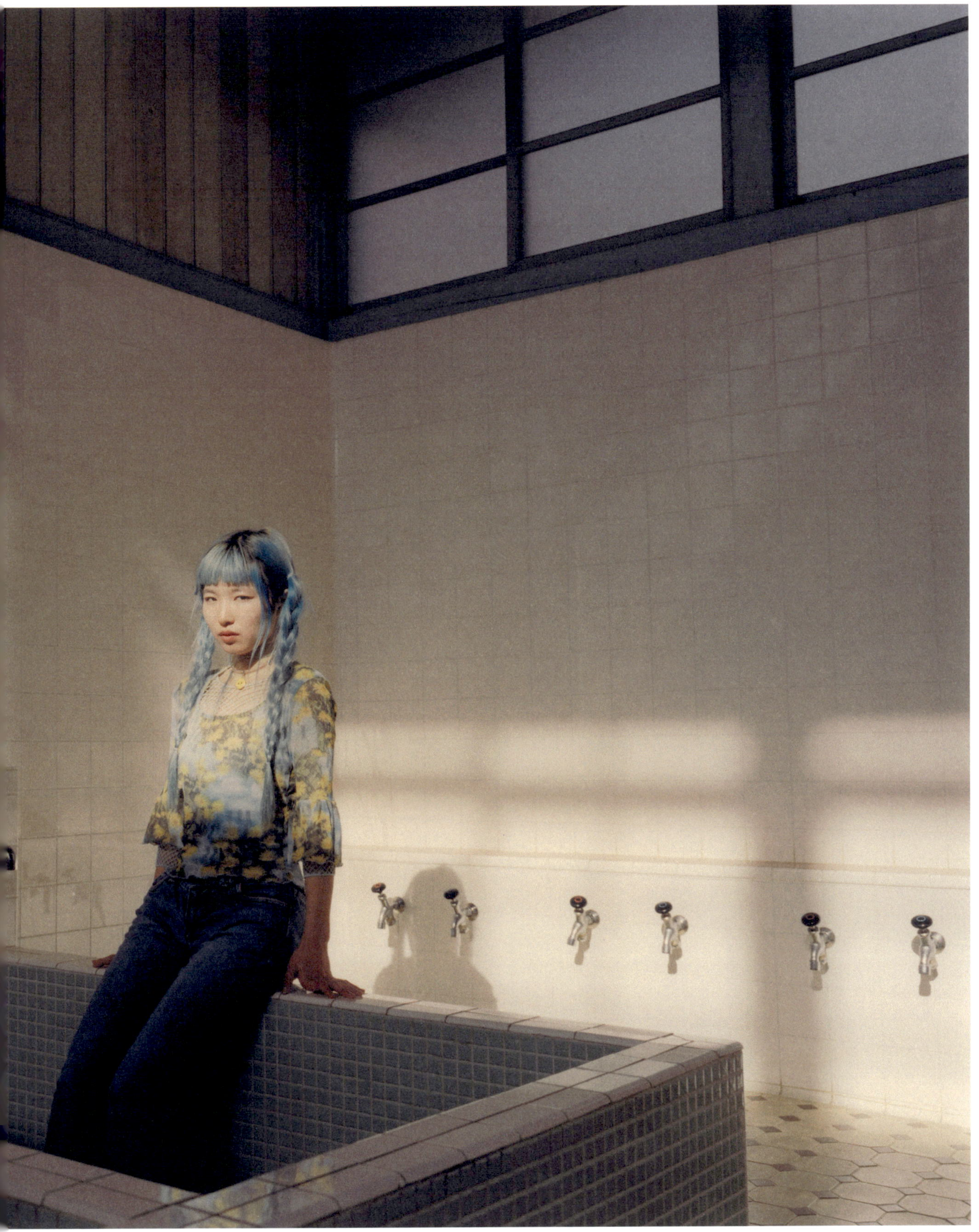

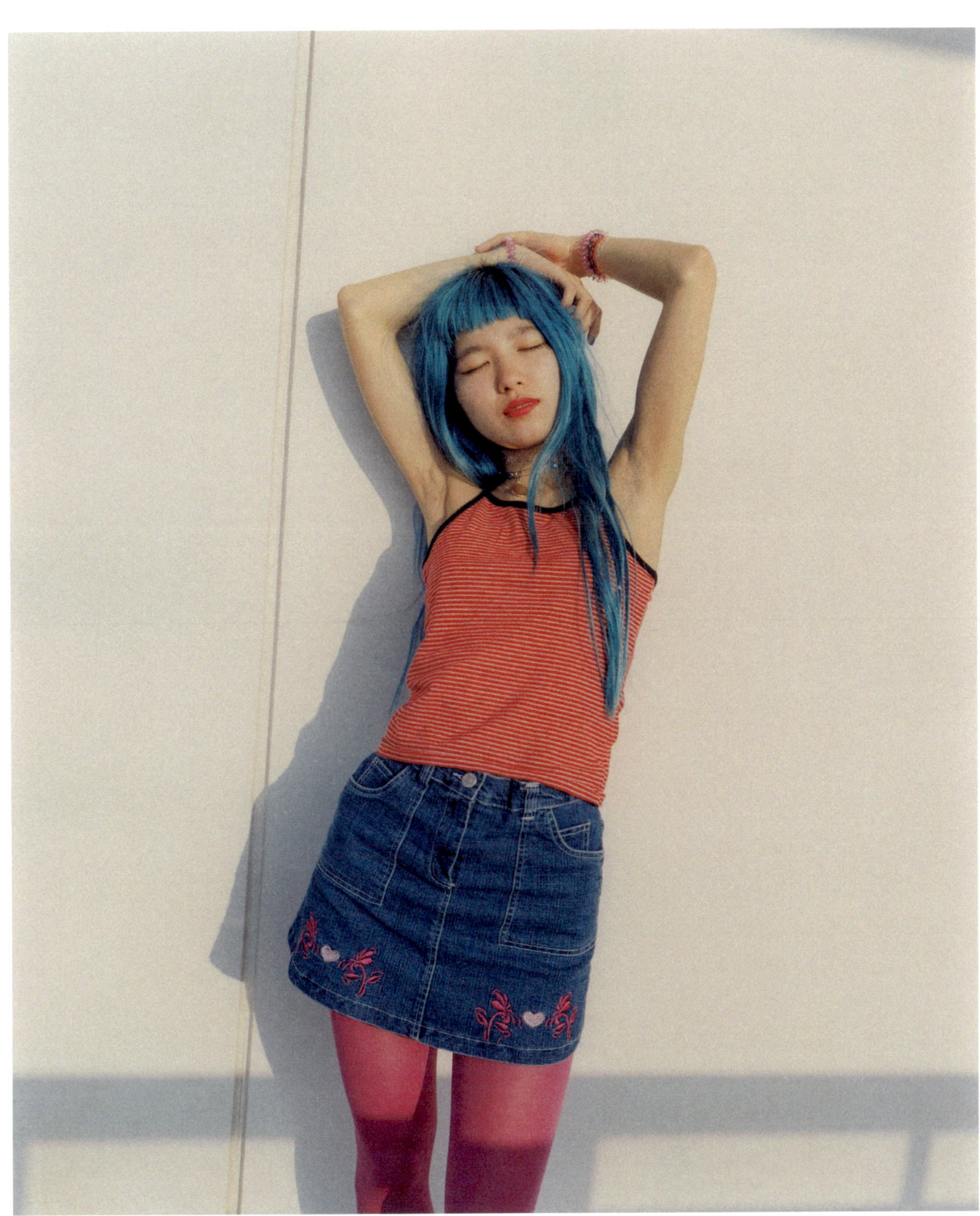

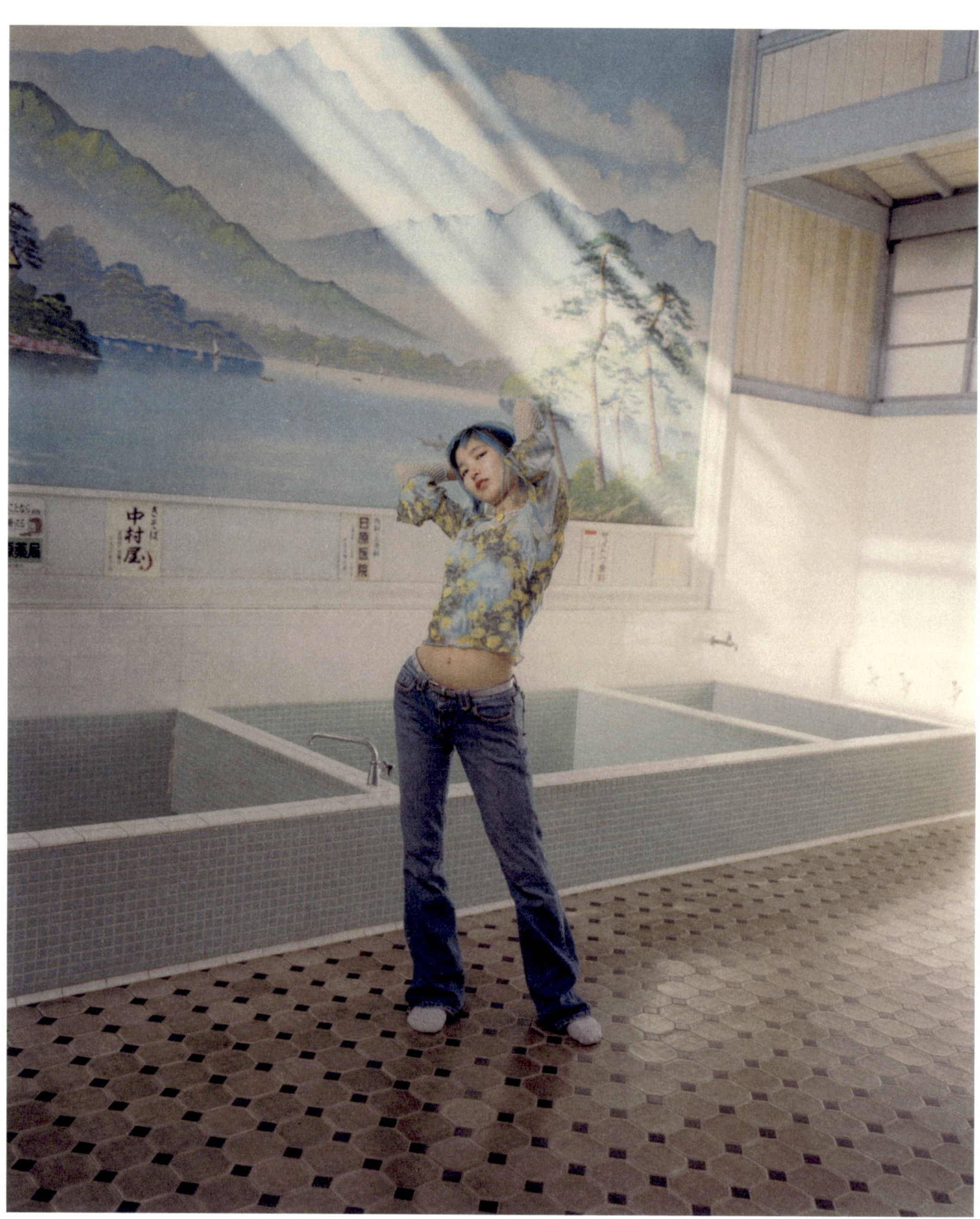
中村屋
日原医院
薬局

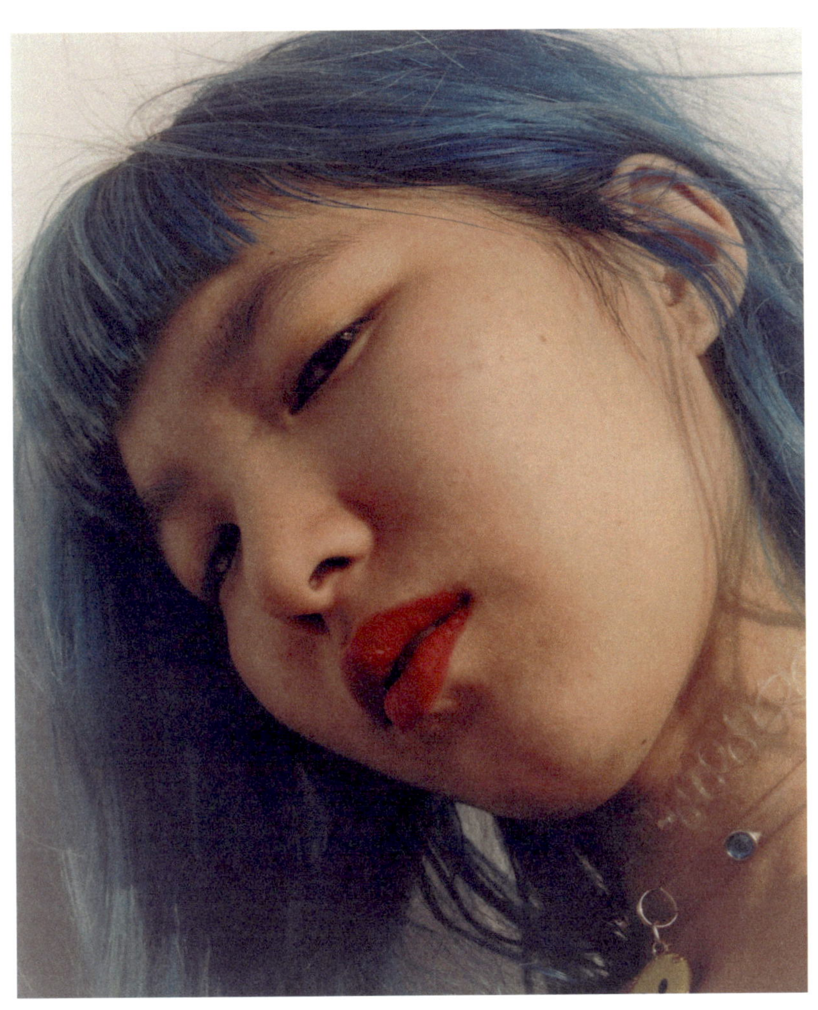

私たちは毎日一緒にいた。
言葉はあまり伝わらなくても
私たちの心は一緒だった。

フランチェスカはいつも私を
助け、分かってくれた。
今年の春は私の人生
において一番であった。

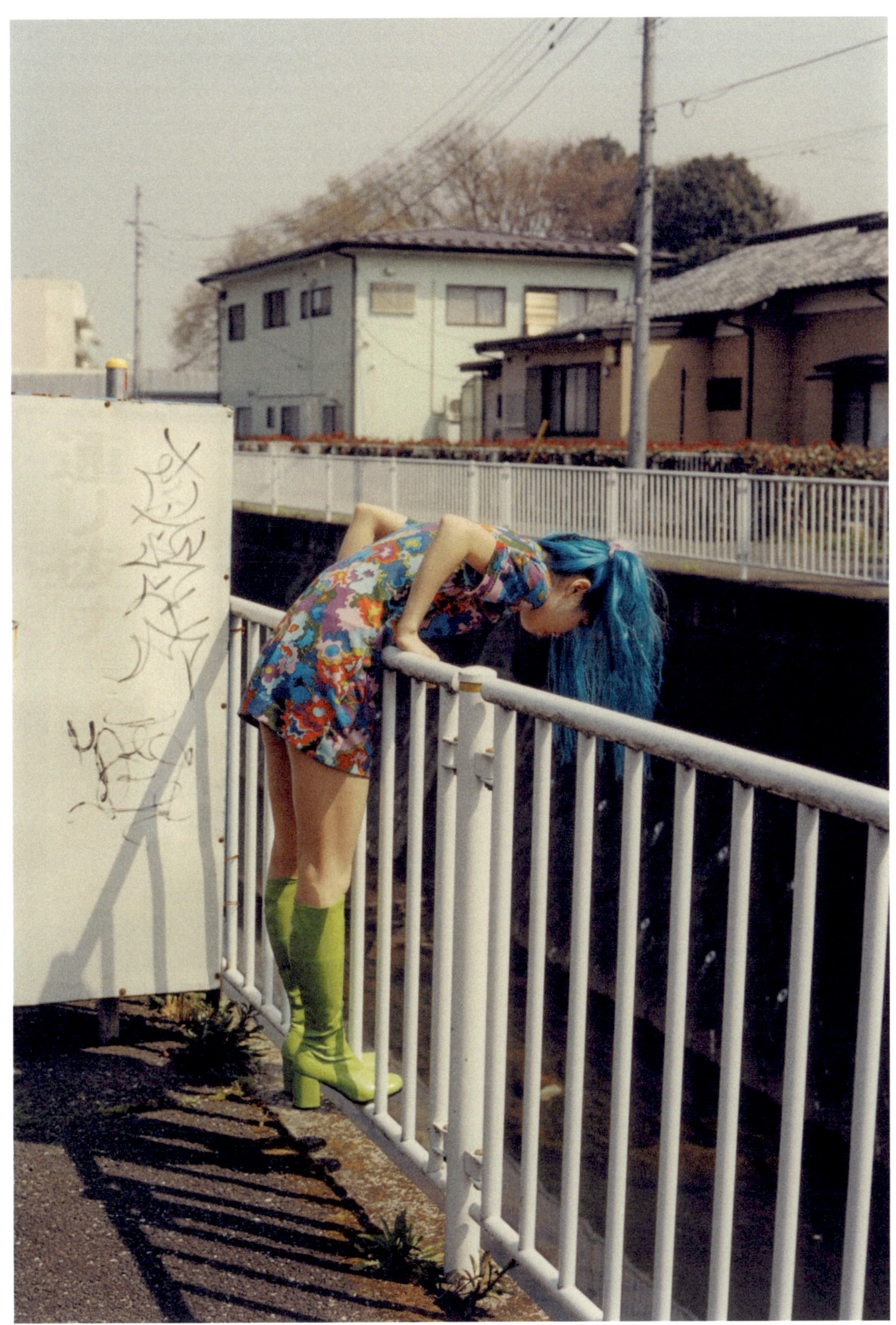

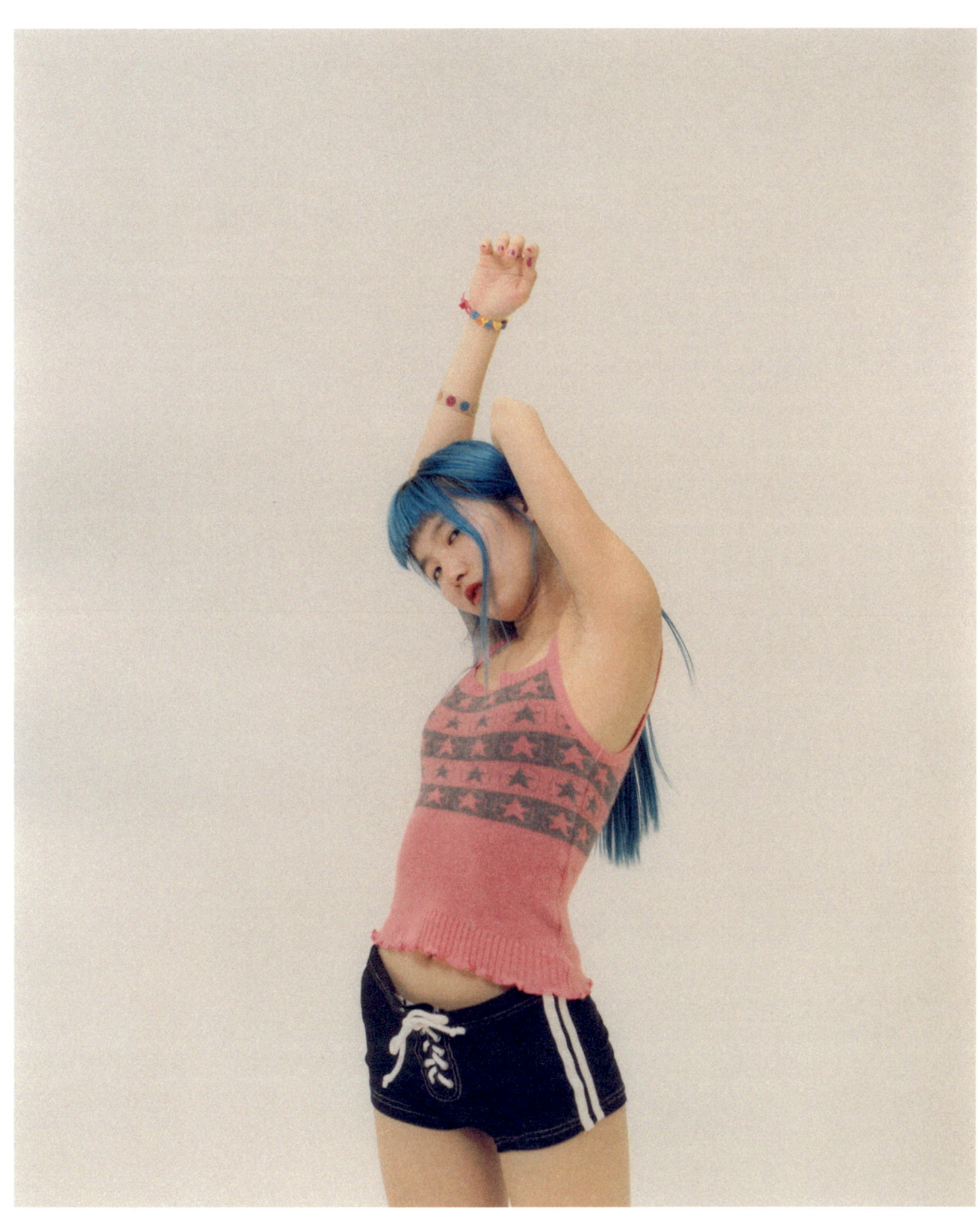

Francesca Allen — Aya is printed in a first edition of 500 copies.
Special edition of 25 copies, numbered, with signed print.

Edited and designed in Paris, France by Tony Cederteg
Published in Stockholm, Sweden by Libraryman
Printed in Gothenburg, Sweden by Göteborgstryckeriet

Photographs © 2018 Francesca Allen
Copyright © 2018 Libraryman

Thanks to Aya Gloomy, Yuki Kohara, Joseph Nichol, Bryony Lloyd, Rosie Wadey,
Masahiro Kashiwa, Megan Tilley, Liv Siddall, Milo Belgrove and Jacob Hobbs.

ISBN 978–91–88113–19–1

libraryman.se

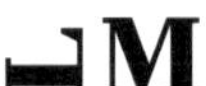